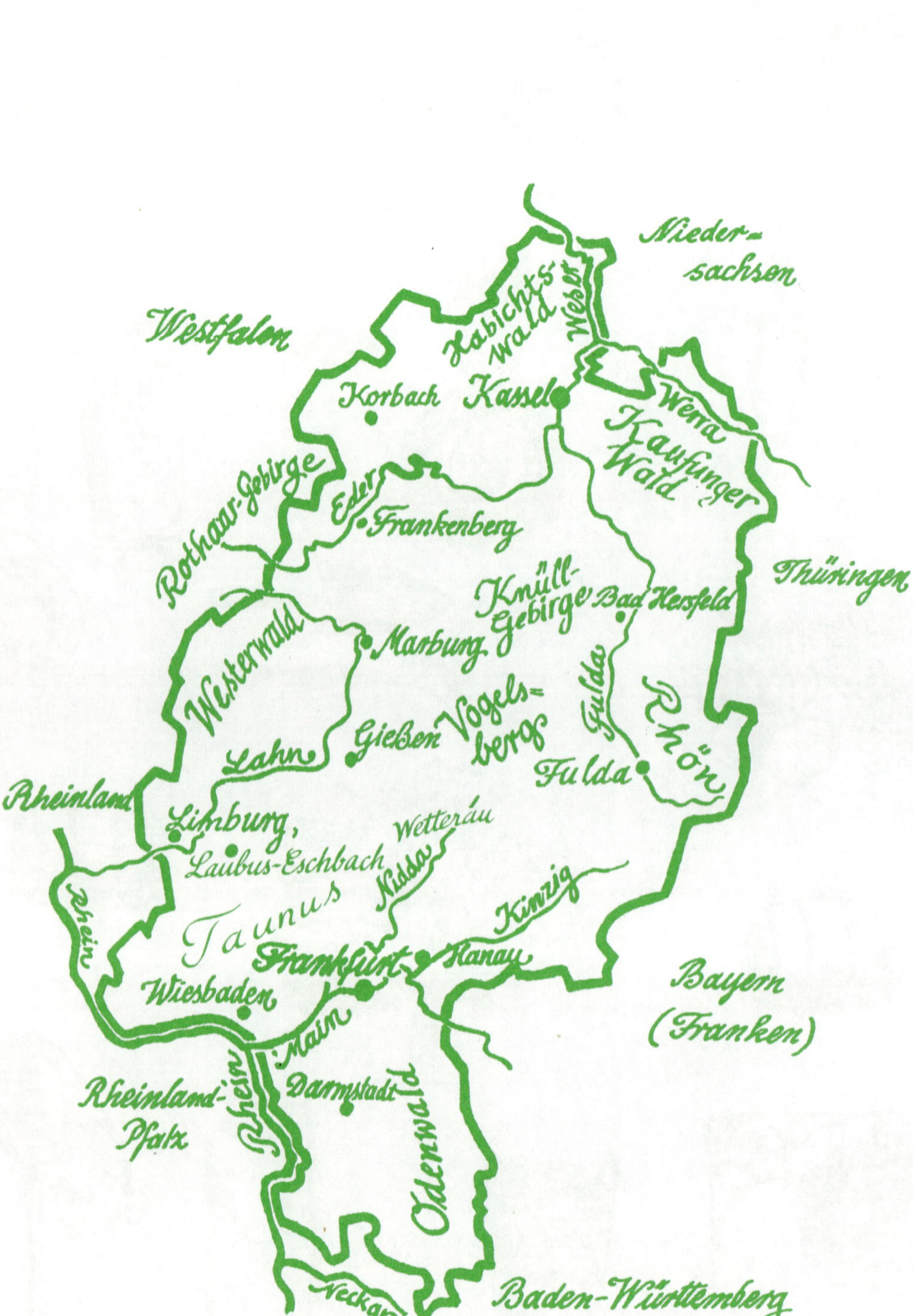
Nieder-
sachsen
Westfalen
Habichts-
wald
Weser
Korbach
Kassel
Werra
Kaufunger
Wald
Rothaar-Gebirge
Eder
Frankenberg
Thüringen
Knüll-
Gebirge
Bad Hersfeld
Westerwald
Marburg
Vogels-
berg
Gießen
Fulda
Rhön
Lahn
Fulda
Rheinland
Limburg,
Laubus-Eschbach
Wetterau
Nidda
Rhein
Taunus
Kinzig
Frankfurt
Hanau
Wiesbaden
Bayern
(Franken)
Main
Darmstadt
Rheinland-
Pfalz
Rhein
Odenwald
Neckar
Baden-Württemberg

Michaele Scherenberg • Karl-Heinz Stier

„Zum Anbeißen“ Das hessische Apfelbuch

Mit über 140 Rezepten aus Hessen
zum Kochen, Backen und Genießen
mit Äpfeln, Apfelwein und Apfelsaft

Eichborn Verlag

Boikenapfel.

Champagner
Renette.

Alle Fotos in diesem Buch stammen von Petra Kerstan, ausgenommen folgende: Schutzumschlag links, 6, 16, 17,18,19, 22/23, 24, 113, 114, 115, 116, 117, 118, 148 Hans Reinhard; 21 Dr. Norbert Clement; 121 mitte Museum der Stadt Bensheim; 163 Tony Baggenstos; 118, 119, 126, 127, 134 Kelterei Heil; 40 oben, 48 unten, 57 oben, 59 unten, 89 unten, 99 oben Gerhard Weitkamp und hr.
Dem Hessischen Rundfunk Fernsehen danken wir für die Abdruckerlaubnis für jene Fotos von Petra Kerstan und Gerhard Weitkamp, die im Zusammenhang mit Produktionen für die Sendung „Hessen à la carte" entstanden sind.
Alle übrigen Abbildungen, Grafiken, Illustrationen etc. stammen vom Archiv Museum Otzberg, ausgenommen folgende: Karte Vortitel, 29, 36, 40, 55, 61, 67, 91, 93, 141 Panorama Verlag; 8, 9, 11, 12, 13, 14, 15, 22, 27, 28, 47, 56, 96, 100, 112, 123, 129, 149 Egert & Partner; 25, 107, 108, 109, 110, 111, Jiri Skalicky; Vorsatz, Nachsatz, 80, 117, 123, 150, 151, 152, 153, 154 Kelterei Heil.

Die Deutsche Bibliothek – CIP-Einheitsaufnahme

Zum Anbeißen : das hessische Apfelbuch / Michaele Scherenberg ; Karl-Heinz Stier. – Neuaufl. – Frankfurt am Main : Eichborn, 2002
ISBN 3-8218-1771-2

Unveränderte Neuauflage 2002

Koordination, Design, Bildredaktion, Umschlaggestaltung: Egert & Partner
Satz und Montage: Borris Balzer
Lithografie: JS Concept Grafik GmbH, Frankfurt
Druck und Bindung: Fuldaer Verlagsagentur, Fulda
ISBN 3-8218-1771-2

Verlagsverzeichnis schickt gern:
Eichborn Verlag, Kaiserstraße 66, D-60329 Frankfurt am Main
www.eichborn.de

Inhalt

Vorwort 7

Äppel un ihr Geschicht' 8

Eva, Adam und der Apfel 10
Gerd J. Grein

Äpfel in Sagen und Mythen 12
Gerd J. Grein

Der Apfel als Symbol 14

Welcher Apfel wofür? 16

Der Apfelbaum 18

Hessische Apfelsorten 20
Dr. Norbert Clement

Wie mer Äppel pflückt und uffhebt 22

Wie mer die Äppel lagert 24

Wie mer mit Äppel richtig schee wird ... 26

Äpfel und Gesundheit 27

Apfelrezepte aus hessischen Küchen 29 - 103

Großmutters Apfelküch' 104

Tips aus der Küch' der Landfrauen 109

Vom Rebstock zum Apfelbaum 112
Gerd J. Grein

Paradies Streuobstwiese 114
Christof Heil

Keltern ist eine Kunst 118

Zu Besuch in einer Kelterei 124

Gucke Ja – aber ja net zuviel kaufe ... 128

Speierling & Co – die „wilden" Kerle im Apfelwein 129
Jörg Stier

Vom Apfelwein und wie er getrunken wird 130
Gerd J. Grein

Wie der Äppelwoi enstanden is 135
Gerd J. Grein

Unsern Äppelwoi annerswo 138
Jörg Stier

Der Apfelweindoktor 139

Apfelwein hält gesund 140

Das Märchen vom Apfelwein 142

Äpfel am Weihnachtsbaum 143
Gerd J. Grein

Ein Loblied dem Apfel 149

Wer alles „mitgeköchelt" hat 156

Glossar/Küchenlexikon 165

Rezeptregister 166

Vorwort

Wofür der Apfel nicht alles herhalten muß: die einen sehen in ihm (er ist ja immerhin männlich!) ein Verführungsobjekt, die anderen, vorwiegend Naturapostel, schreiben ihm wahre Heilkünste zu, wieder andere, die Rohkostverschlinger, verweisen auf seine hungerstillende Funktion, und schließlich die letzte Gruppe, die Trinkfesten, sie schwören auf seinen nachhaltigsaftigen, kelterfrischen oder vergärten Geschmack, der zudem noch eine problemlose Verdauung garantiere.

Wie immer man es nimmt – für uns Erdenbürger hat er etwas Knackiges an sich, und wer an einem Marktstand, Obst- und Gemüseladen oder beim Spaziergang an einem Apfelbaum auf einer grünen Wiese vorbeigeht, findet den Apfel meist zum Anbeißen – so wie er sich unseren Augen oder vielleicht auch anderen Sinnen präsentiert.

Das hessische Apfelbuch soll die große Vielfalt dessen aufzeigen, was man so alles mit dem Apfel machen kann. Dazu zählen insbesondere die Rezepte. Ob als Zutat oder dominierend, stets belebt und reizt der Apfel unsere Geschmacksnerven, und die wiederum fordern Gastronomen und Landfrauen zu immer neuen Kochkünsten heraus. Gerade Letzteren gilt unser besonderer Dank bei der Findung und Zusammenstellung der Apfelspeisen.

In Europa gibt es rund 1000 Apfelsorten; gelegentlich werden neue Züchtungen auf den Markt geworfen – mit mehr oder weniger großem Erfolg. Aber es gibt auch intensive Bemühungen, alte Apfelsorten zu erhalten. Wie es nun um die traditionellen hessischen Sorten steht und was zu ihrer Erhaltung getan wird, ist ebenfalls Bestandteil dieses Buches.

Der Apfel diente stets als wichtiger Lieferant für die Getränkehersteller. Sein süßer Saft vergärt schnell zu säuerlich-herbem Apfelwein. Die Schwaben schätzen ihn als „Moscht“, die Hessen als „Äppelwoi“. Er erfrischt und hat keinen hohen Alkoholgehalt. Der Geschichte des „Stöffche“, seiner Herstellung, dem „Keltern“, und seinen gesundheitlichen Aspekten für den Verbraucher sowie den Streuobstwiesen als Selbstversorgerflächen der „Äppelwoi“-Wirte und -Hersteller gelten weitere Kapitel.

Daß der Apfel auch die Sinne und den Geist der Menschen beflügelt hat und es noch tut, beweisen die vielen Gedichte, Verse und Lieder über viele Jahrhunderte hinweg. Auch Märchenerzähler haben sich der Frucht angenommen, und als Liebesorakel ist sie in mannigfacher Form in die Literatur eingegangen.

Unser besonderer Dank gilt den Förderern dieses Buches, der Familie Heil mit ihrem Kelterunternehmen in Laubus-Eschbach. Walfried, Ursula, Martin und Christof Heil haben die Voraussetzungen dafür geschaffen, daß dieses Apfelbuch überhaupt erscheinen konnte.

Mögen Sie bei der Lektüre viel Neues und Informatives erkennen und erfahren und es so schätzen und lesen, wie man einen Apfel ißt: knackig und saftig im Genuß, nachhaltig im Geschmack, hungerstillend und leicht verdaulich. Bei all dem sollten Sie nicht vergessen, auch den Apfel mal flüssig zu verkosten – in den vielfältigen Formen, wie er Ihnen in den Gasthäusern und daheim angeboten wird. Also, dann zum Wohl!

Michaele Scherenberg
und Karl-Heinz Stier

Äppel un ihr Geschicht'

Der Apfel begleitet den Menschen schon Tausende von Jahren! Unser „Urapfel" hat dabei natürlich ganz anders ausgesehen und geschmeckt als die heutigen Äpfel – mit wenig Fruchtfleisch und viel Kerngehäuse.
Er hieß Zwerg- oder auch Holzapfel, war klein, fest und außerordentlich sauer. Die Heimat dieses Holzapfels ist Westasien. Noch heute findet man im Kaukasus den wildwachsenden Strauchapfel „Pirus pumila" mit filzigen Blättern und kleinen, harten Früchten. Er gilt als Vorfahre unserer Renetten.
Die Syrer haben sich vor 5000 Jahren bereits im Veredeln der Apfelbäume versucht. Sie brachten den Apfel zur Zeit König Ramses I (1292-1225 v. Chr.) nach Ägypten. Bei den Pharaonen wurde der Apfelanbau sehr gefördert. Ramses II. ließ im fruchtbaren Nildelta Apfelbäume anpflanzen. Überliefert ist auch, daß Ramses III. den Priestern des Ammontempels 848 Körbe Äpfel als Opfergabe überbringen ließ. Der Apfelanbau war eine königliche Angelegenheit, Bauern konnten sich keine Äpfel leisten. Die Bäume mußten außerordentlich gut gepflegt werden, wegen der großen Hitze in Ägypten.
In Kleinasien dagegen konnte sich der Apfelbaum bei den günstigen klimatischen Verhältnissen bestens entwickeln. Und hier begann man auch, ihn zu veredeln. Lange Zeit vor Christus schon kam er nach Griechenland und von dort aus nach Italien zu den Römern, die sich mit großem Eifer um seine Kultivierung bemühten. Plinius der Ältere (23-79 n. Chr.) zählt 21 Äpfel- und 41 Birnensorten auf. Einige tausend Jahre alt ist auch die Kultur des Apfelbaumes in Deutschland.

Bei Ausgrabungen an den Pfahlbauten im Allgäu und im Bodenseeraum wurden Spuren von gedörrten Äpfeln gefunden. Funde zeigen, daß bereits vor rund 2000 Jahren in unseren Breiten mindestens drei Wildapfelsorten gegessen wurden. Doch müssen diese Früchte nicht eben ein Genuß gewesen sein, denn das Veredeln wurde hier erst später gebräuchlich.
Der Name „Apfel" stammt ziemlich sicher nicht aus dem Lateinischen, sondern wurde von dem althochdeutschen „apful", niederdeutschen „appel" und dem keltischen „aball" abgeleitet.
Um Christi Geburt brachten die Römer die Kunst des Veredelns nach Germanien, so wie sie auch

viele andere südliche Obstsorten bei uns heimisch machten.
Beim Veredeln wurden im Prinzip schon damals wie heute Apfelreiser von guten Bäumen auf einen Wildtrieb aufgepfropft, also Schnittstelle auf Schnittstelle angebunden.
Bekannt war auch bereits zur Römerzeit das Okulieren. Dabei wird ein Auge aus einer gewünschten Apfelsorte ausgeschnitten und auf eine ausgeschnittene Triebstelle am Wildling aufgelegt und festgebunden.
Daß das Apfelzüchten nicht durch die Aussaat von Kernen gelingt, hatte man schon früh erfahren. Schließlich kann jeder einzelne der etwa 10 Apfelkerne einer Frucht einen unterschiedlichen Baum hervorbringen – und das Ergebnis sieht man frühestens nach acht Jahren.
Durch das Veredeln entwickelten die Römer bei uns aus dem ursprünglichen Zwerg- und Holzapfel die ersten wohlschmeckenden Kultursorten. Von Plinius dem Älteren weiß man, daß Versuche in Belgien damals sogar schon so weit gediehen waren, eine kernlose Sorte zu züchten.
Der Apfel machte rasch Karriere bei uns. Zunächst wurden Apfelbäume an den Höfen der Adligen angepflanzt, auch in Klöstern und Stiftsgärten. Im St. Gallener Kloster sollen im 8. Jahrhundert Züchtungen von Äpfeln gelungen sein, die man mit zwei Händen nicht umspannen konnte! Die erste offizielle Empfehlung für den systematischen Anbau gab dann Karl der Große um das Jahr 800 in der Landgüterordnung „Capitulare de villis".
Im 13. Jahrhundert entstanden vielerorts Baumgärten, die aus rund einem Dutzend Bäumen bestanden, die durch einen Zaun oder eine Mauer eingefaßt waren – der Familienname

„Baumgärtner" oder „Baumgartner" hat daher übrigens seinen Ursprung!
Äpfel waren, wie das meiste andere Obst, nur selten Teil der bäuerlichen Abgabe, die Früchte dienten in erster Linie dem Hausgebrauch. Bis zu Anfang unseres Jahrhunderts war es üblich, Äpfel im eigenen Garten anzubauen. Mit Beginn des Industriezeitalters ging aber auch die Selbstversorgung aus dem heimischen Obstgarten zurück. Der erwerbsmäßige Obstanbau entwickelte sich und damit auch eine andere Art der Kulturen: Niedrigstämmige Apfelbäume, die leicht abzuernten sind, haben die knorrigen alten Obstbäume abgelöst.
Heute stehen Äpfel in der Obstwelternte hinter der Weintraube an zweiter Stelle. Den größten Anteil haben die USA, Italien und Deutschland. In Deutschland wachsen rund 50 Millionen Apfelbäume, ein Drittel davon zur kommerziellen Nutzung.
Mengenmäßig werden die meisten Äpfel in Niedersachsen produziert. Jährlich werden in Niedersachsen rund 406.000 Tonnen Äpfel von den Bäumen gepflückt. Das größte Obstanbaugebiet der Bundesrepublik ist dabei das Alte Land. An zweiter Stelle der Bundesländer steht Baden-Württemberg mit rund 200.000 Tonnen Äpfeln, die vor allem aus den Apfelanbaugebieten am Bodensee stammen. An dritter Stelle folgt Sachsen mit rund 100.000 Tonnen, dann kommen Hamburg und Sachsen-Anhalt.
Obgleich in Deutschland so viele Äpfel wachsen, werden zusätzlich Äpfel importiert: rund 200.000 Tonnen jährlich aus Südtirol, rund 100.000 Tonnen aus Frankreich.
Rund 15 Kilo Äpfel ißt, statistisch gesehen, jeder Bundesbürger pro Jahr.

Eva, Adam und der Apfel

Der Baum schützt und nährt den Menschen. Auf seine Früchte wies Gott bei der Schöpfung hin. In der Heiligen Schrift heißen die beiden Bäume in der Mitte des Paradieses „Baum der Erkenntnis des Guten und Bösen“ (Gen. 2,9). Es sind wirkliche Bäume, denn sie werden in unmittelbarer Verbindung mit den anderen Bäumen im Paradies genannt.

Mit dem „Apfel“ allerdings hat es seine eigene Bewandtnis. Die zeitgenössischen Bibel-Übersetzer und Interpreten sprechen nur ganz allgemein von einer „Frucht“. „Gott gebot den Menschen: Von allen Bäumen des Gartens darfst du essen; nur vom Baum der Erkenntnis darfst du nicht essen (...) Die Schlange aber war listiger als alle anderen Tiere des Feldes. Sie sprach zur Frau: Hat Gott wirklich gesagt: Ihr sollt von keinem Baum des Gartens essen? Da sah die Frau, daß der Baum gut sei zum Essen und eine Lust zum Anschauen. Sie nahm von seiner Frucht, aß und gab auch ihrem Mann, und auch er aß.“ (Gen. 3,6)

Die Übertretung des göttlichen Gebotes nennt die christliche Theologie „Sündenfall“. Er hatte die Vertreibung aus dem Paradies zur Folge und brachte Schmerzen, Mühsal, Arbeit und Tod, alle Übel der Menschheit. Im Lateinischen, der Sprache der römischen Kirche, aber heißt das Übel „malum“. So heißt auch der Apfel. Diese Übereinstimmung der Wörter für „Apfel“ und „Übel“ legte es nahe, sich die Frucht des Sündenfalles, die alles Übel brachte, als Apfel vorzustellen.

In der christlichen Ikonographie wird seit dem Mittelalter die Frucht vom Baum der Erkenntnis als Apfel dargestellt, den Eva an Adam reicht.

Die Theologie der Kirchenväter von Rom hat seit dem 2. Jahrhundert das Bild von Maria als Gegenbild, als Antitypus, zu Eva kultiviert, wenn es heißt: „Durch die eine Frau kamen Sünde und Tod, durch die andere der Erlöser.“ So wandert der Apfel auch in die Hand Mariens. Wenn auf Bildwerken und Skulpturen des späten Mittelalters die

Mutter Maria dem Kind Jesus einen Apfel reicht, so wird damit auf den Sündenfall und die Erlösung hingewiesen. Seit dem 17. Jahrhundert jedoch wurden an Skulpturen die realistischen, rotbäckigen Äpfel in der Hand des Christuskindes durch goldene Kugeln ersetzt. Maria, die Himmels-Königin, wird vielfach mit einer Krone dargestellt, während das Kind den Reichsapfel als Zeichen der Herrschaft auf seiner ausgestreckten Hand hält. Der Apfel zählt zu den Insignien weltlicher Macht.

Seit Karl dem Großen gehörte der Reichsapfel neben Zepter und Krone zu den Reichskleinodien. Er wird von den Wissenschaftlern als Symbol des Globus oder Orbis, den antiken kugel- bzw. kreisförmigen Darstellungen des Erdkreises gedeutet. „Apfel des Reiches“ heißt er in Deutschland, „globe royal“ oder „imperial“ in den meisten anderen europäischen Reichsgebieten.

Von der verbotenen Frucht am Baum der Erkenntnis, von der im ersten Buch der Bibel (der Genesis) berichtet wird und die den Menschen zum Verhängnis wurde, spannt sich der Bogen zum letzten Buch der Apokalypse, wo von der Himmelserscheinung einer Frau gesprochen wird: von der Sonne umkleidet, von Sternen umkränzt, der Mond zu ihren Füßen. Im volksfrommen katholischen Barock wurden die Wortbilder der Genesis und der Apokalypse zu einem neuen Bildtyp der von Gott auserwählten Jungfrau, der Immaculata, verschmolzen.

Immaculata-Darstellungen zeigen eine junge, schöne Frau, Maria, die Himmelskönigin, die auf einer Mondsichel steht, mit ihrem Fuß die Schlange, das symbolisierte Böse, zertritt und in einen Apfel beißt. Hier steht die Frau nicht synonym für das Böse, sondern in ganz neuem, tröstenden Bild, als die siegreich Triumphierende.

Äpfel in Sagen und Mythen

„Über Rosen läßt sich dichten, in die Äpfel muß man beißen“, schwelgt Johann Wolfgang von Goethe. Und doch haben gerade Äpfel viel mit Mythen und Märchen zu tun. Dort, wo die Sonne als rote Kugel im Meer versinkt, vermuteten die Griechen die Gärten des Abendsterns, die Gärten der Hesperiden, der Töchter des Hesperos. Auf einem Baum, der von der Schlange Ladon bewacht wurde – er war ein Hochzeitsgeschenk der Erdgöttin Gaia an die Himmelsgöttin Hera –, wuchsen sie, die goldenen Äpfel. Heras Stiefsohn Herakles raubte mit List und Tücke drei dieser Äpfel und überbrachte sie dem König Eurystheus nach Mykene. Eris, die Göttin der Zwietracht, warf einen goldenen Apfel in die Hochzeitsgesellschaft der Thetis und des Peleus, zu der sie nicht geladen war. Er trug die Aufschrift: der Schönsten. Hera, Athene und Aphrodite entbrannten in heftigem Streit um ihn, und der Hirte und Königssohn Paris mußte die schicksalsschwere Entscheidung treffen, die keiner der Götter fällen wollte. Paris gab den Apfel der Aphrodite, und so galt er fortan als Liebesapfel. Aus dem Streit der Göttinnen aber entflammte der Krieg um Troja!

So wie der Apfel als Attribut der Aphrodite gilt, gehört er auch zu Demeter, der Göttin des Weizens und der Fruchtbarkeit. Auch Dionysos, dem Gott des Weines und des Rausches, war der Apfel geweiht.

Es bleibt jedoch offen, ob der „Apfel“ in der griechischen Mythologie die Frucht meint, die wir heute so nennen. Es können auch dem Apfel ähnliche Baumfrüchte, wie der Granatapfel oder der Pfirsich, die Quitte oder gar die Zitrone, gewesen sein – alles Früchte, die später auch die Lateiner zur Familie der Äpfel gezählt haben.

Im nordischen Sagenkreis galten die Äpfel als Speise der Götter, die ewige Jugend verlieh. Odins Sohn Wälsung, der Stammvater Siegfrieds, wurde geboren, nachdem seine Mutter einen Apfel verzehrt hatte. Der Riesentochter Gerda wurden goldene Äpfel als Brautgabe versprochen.

Wegen der Deutung des Apfelbaums als Baum des Paradieses und nach vielen Generationen praktizierter Naturheilkunde entwickelte sich im Laufe der Jahrhunderte eine schier unüberschaubare Menge von Anwendungen und Orakeln, die in den Bereich des Aberglaubens zu verweisen sind.

Dem Wachsen und Gedeihen des Apfelbaumes galt die Sorge unserer Altvorderen in besonderem Maße. So mußten mancherorts die Bäume am Karsamstag bei Glorialäuten oder am 25. März vor Sonnenaufgang geschüttelt werden. Während des Glockenläutens an Silvester werden noch heute in Leeheim im Kreis Groß-Gerau die Bäume mit

Strohseilen umwunden: Sie sollen im kommenden Jahr besser tragen! Bei der Apfelernte ließ man gerne ein oder zwei Äpfel im Baum hängen, als Opfer an den Baumgeist. Trug der Baum zum erstenmal, dann durfte man die Früchte nicht pflücken, sondern ließ sie abfallen, sonst trug er nicht mehr. Kerne der an Weihnachten verspeisten Äpfel pflanzte man in den Garten. Die daraus erwachsenen Apfelbäume bedurften keiner Veredelung.

Als Liebesapfel begegnet uns die Frucht in den verschiedenen Liebesorakeln. Schon in der Antike galt das Zuwerfen eines Apfels als Liebeszeichen. Geheimnisvolle Buchstaben wurden auf den Apfel geschrieben und der erwählten Person des anderen Geschlechts zu essen gegeben; so wurde auf zauberische Weise der auserwählte Partner an die Person gebunden. Burschen legten einen Liebesapfel unter das Kopfkissen des Mädchens, um seine Liebe zu gewinnen. Allgemein war der Brauch in Deutschland verbreitet, am Andreasabend, zu Weihnachten oder in der Silvesternacht einen Apfel so zu schälen, daß die Schale nicht abriß. Diese Apfelschale wurde dann über die Schulter nach rückwärts geworfen. Aus der Figur der am Boden liegenden Schale versuchten die Mädchen den Anfangsbuchstaben des „Zukünftigen" herauszulesen. Apfelkerne wurden auf eine Nadel gespießt und über eine Flamme gehalten. Wenn sie in der Hitze zu knistern anfingen, ging der Wunsch, den man gerade hegte, in Erfüllung! Mädchen aber konnten daraus erkennen, welcher von mehreren Liebhabern der Gatte würde. Andere wieder ließen einen Apfelkern zwischen Daumen und Zeigefinger unter Hersagen bestimmter Orakelsprüche fortschnellen; wohin der Kern sprang, aus dieser Richtung wurde der Zukünftige erwartet.

So viele Kerne ein Mädchen beim Durchschneiden eines Apfels vorfand, so viele Verehrer hatte sie! Das Mädchen drückte so viele Apfelkerne auf die Stirn wie sie Verehrer hatte. Derjenige galt als der treueste, dessen Namen durch den am längsten haftenden Kern bezeichnet wurde.

Auch der Apfelbaum selbst galt im Liebesorakel als weissagend. In den Rauhnächten warfen die Mädchen einen Schuh dreimal über den Apfelbaum; woher dann das Bellen eines Hundes zu vernehmen war, von daher erwartete man den Liebhaber. Wurde ein Stecken in den Apfelbaum geworfen, und blieb er darin hängen, dann war die Hochzeit nicht mehr fern.

Wenn eine Frau während der Schwangerschaft viele Äpfel aß, so konnte sie darauf hoffen, schöne Kinder zu bekommen. Bekam das Kind einen Apfel geschenkt, so bekam es später rote Backen. Auch für reinen Atem sollte diese Brauchhandlung gut sein. Das Badewasser eines Knaben schüttete man unter einen Apfelbaum – während man das von Mädchen unter einen Birnbaum brachte. Der Baum war dann mit dem Schicksal des Kindes verbunden; verdorrte der Baum, dann starb das Kind bald. Ein Knabe, der immer schrie, konnte geheilt werden, wenn man seine Windel unter einem Apfelbaum vergrub. Um einem Säufer das Trinken abzugewöhnen, gab man ihm einen Apfel, den vorher ein Sterbender in der Hand gehalten hatte! Dagegen wurde man nicht betrunken, wenn man morgens einen säuerlichen Apfel aß.

Warzen und Hühneraugen vertrieb man, indem man sie mit einem Teil eines entzweigeschnittenen Apfels bestrich. Gegen Fieber aß man einen mit Pfeffer gespickten Apfel. Ein geschälter Apfel, nach oben zu geschabt, sollte Erbrechen bewirken, während ein nach unten, d.h. gegen den Stiel zu geschabter, den Durchfall stoppte. Aß man schließlich einen Apfel vor dem Schlafengehen, so war man gefeit gegen unkeusche Anfechtungen!

Der Apfel als Symbol

Der Apfel zählt zu den ältesten Früchten der Erde. Wen wundert es also, daß er immer wieder in Sagen, Mythen, Religion und Märchen eine Rolle spielt? Hier symbolisiert er Liebe und Sexualität in ihren wohltätigen wie gefährlichen Aspekten, assoziiert er in seiner runden Form Gedanken an die weibliche Brust.
Eva verführte Adam mit der Frucht vom Baum der Erkenntnis, so steht es im Alten Testament geschrieben. Sie verloren ihre Unschuld, um dafür Wissen und Sexualität zu erlangen – und wurden aus dem Paradies vertrieben. Die mittelalterlichen Maler wählten den Apfel als Frucht vom Baum der Erkenntnis für ihre Bilder. Und wir haben es akzeptiert: Der Apfel steht für Verführung und Sünde.
Im Grimm'schen Märchen von Schneewittchen wird das junge Mädchen von der Stiefmutter überredet, in die rote Seite des Apfels zu beißen. Es kostet von der vergifteten Frucht und fällt prompt in einen todesähnlichen Schlaf. Erst als der Prinz, der richtige Mann, erscheint, erwacht Schneewittchen in seinem gläsernen Sarg und ist für die Liebe bereit. Kinderpsychologen deuten das Märchen als Sinnbild der weiblichen Pubertät und der Zeit des Frauwerdens.

Der Reichsapfel als Attribut monarchischer Herrschaft gilt als Zeichen der Machtvollkommenheit. Grausame Macht läßt auch der Landvogt Geßler den Helden Wilhelm Tell spüren. Er zwingt ihn, einen Apfel vom Kopf des eigenen Sohnes zu schießen. Der Schuß gelingt, der Apfel ist getroffen – und damit die Macht gebrochen? Wenig später tötet Tell den Tyrannen in der Hohlen Gasse und gibt damit das Zeichen zur Erhebung gegen die Unterdrücker.

Martin Luther wird dieser Satz zugeschrieben: „Und wenn ich wüßte, daß morgen die Welt unterginge, so würde ich doch heute mein Apfelbäumchen pflanzen." Einen Apfelbaum würde er pflanzen wollen, keinen Birn- oder Pflaumenbaum. Der Apfel hat eben die Menschen von jeher fasziniert. Hoimar von Ditfurth griff den Luthersatz auf und machte ihn zum Titel seines aufsehenerregenden Buches über die drohende Vernichtung unseres Planeten Erde. „So laßt uns denn ein Apfelbäumchen pflanzen – es ist soweit" betitelte er es und setzte damit auf das Prinzip Hoffnung.
Ach ja, der Apfel ist weltweit verbreitet und hat seit Urzeiten höchsten Bekanntheitsgrad.
Und wußten Sie's? Er gehört zu der Familie der Rosengewächse, die Apfelblüten zählen also zu den Königinnen unter den Blumen.
In seiner Operette „Land des Lächelns" läßt Lehar den Prinzen Sou Schong seine Lisa ansingen: „Von Apfelblüten einen Kranz leg ich der Liebsten heut zu Füßen, in einer Mondnacht im April. Wie schön, wenn es doch endlich wieder April wäre..."

Welcher Apfel wofür?

Die Entwicklung einer neuen Apfelsorte dauert rund 30 Jahre. Der Apfel muß ja nicht nur gut schmecken und ansprechend aussehen. An eine neue Sorte stellt man hohe Ansprüche: Die Früchte sollen lange lagerfähig sein, der Baum soll resistent sein gegen Schädlinge und Apfelkrankheiten wie zum Beispiel den Apfelschorf.

Viele unserer heute bekannten Apfelsorten sind jedoch auch ganz zufällig entstanden. So der Boskoop oder auch der Golden Delicious.

BOSKOOP:

Der Boskoop wurde um 1860 in den Niederlanden entdeckt – er ist also einer der „alten“ Äpfel und hat sich bis heute in der Gunst der Apfelfreunde gehalten. Der Boskoop ist ein typischer Winterapfel, der sich sehr gut zum Einlagern eignet.

Er ist ein Tausendsassa, der auf vielen Hochzeiten gleichzeitig tanzt: Er eignet sich vorzüglich fürs Backen, fürs Braten, Kochen und Dünsten. Als Bratapfel schmeckt er großartig, aber er ist auch ein Apfel zum „Gleichessen“.

Grünlich bis rotschalig ist seine Farbe. Im Geschmack ist er kräftig, herbsäuerlich und mürbe. Geerntet wird der Boskoop im September. Doch am besten schmeckt er ab Dezember bis in den April hinein.

GOLDEN DELICIOUS:

Seinen Ruf als geschmacksarmer „Massenapfel“ hat der Golden-Delicious zu Unrecht. Man sollte allerdings beim Einkauf wirklich darauf achten, daß die Früchte goldgelb sind! Der Golden Delicious wurde 1914 zufällig in West Virginia in den USA in einem Hausgarten entdeckt und dann kultiviert. Er ist heute die Nummer 1 auf dem Weltmarkt! Der Golden Delicious ist groß, rund, glockenförmig und hat seinen Namen von der gelben bis goldgelben Schale. Vom Geschmack her ist der Golden Delicious fein und süßlich-aromatisch; manchen Apfelfreunden ist er aber auch zu wässrig. Meist wird er roh gegessen, doch eignet sich der Golden Delicious auch zum Kochen und Backen, allerdings nicht zum Dünsten und Braten. Die Genußzeit dauert lange: von November bis in den Juli. Der Golden Delicious ist einer der lagerfähigsten Äpfel, die wir kennen.

GRAVENSTEINER:

Seinen Namen hat dieser Apfel nach dem Schloß Gravenstein bei Apenrade in Dänemark. Dort wurde diese Kultursorte gezogen. Gravensteiner haben einen besonders ausgeprägten, aromatischen Apfelduft. Gelblich-grün ist ihre Schale, die zur Sonne hin karminrot geflammt ist. Im Geschmack ist der Gravensteiner würzig und frisch. Man pflückt ihn Ende August bis Anfang September und ißt ihn von September bis November. Gravensteiner ißt man roh, man kann sie aber auch backen, kochen und dünsten.

GOLDPARMÄNE:

Die mittelfrühe Apfelsorte gehört zu den ältesten Äpfeln, die wir heute kennen. Schon vor 1700 war die Goldparmäne in Frankreich bekannt und wurde später von England aus bei uns verbreitet. Die Schale der nicht allzu großen Äpfel ist auffallend orange und rot geflammt. Die Goldparmäne schmeckt süß und fruchtig, oft auch leicht nach Nüssen. Gepflückt wird der Apfel Mitte September. Genießen kann man ihn von Oktober bis Dezember. Die alte Apfelsorte eignet sich für alles – zum Rohessen, zum Backen, Kochen, Dünsten und Braten. Der Goldparmäne sehr ählich ist die Züchtung „Alkmene“, in den Dreißigerjahren aus den Sorten „Oldenburg“ und „Cox orange“ kultiviert.

BERLEPSCH:

Ein Apfel mit Tradition. 1880 wurde er aus den Sorten „Ananasrenette“ und „Ribsten Pepping“ gezüchtet. Der Berlepsch wächst heute hauptsächlich im Rheinland. Es ist ein typischer Winterapfel, besonders reich an Vitamin C. Mit einem Apfel pro Tag wird etwa die Hälfte des Vitamin-C-Bedarfs gedeckt.
Die zarte Schale ist fleckig grün und gelb mit roter Färbung. Der Berlepsch ist saftig, schmeckt fein säuerlich und aromatisch. Vom Baum gepflückt wird er Ende September bis Anfang Oktober, genußreif ist er von November bis zum März. Der Berlepsch schmeckt gut „aus der Hand“, eignet sich aber auch zum Backen, Kochen und Braten.

JAMES GRIEVE:

Ein Schotte namens James Grieve aus Edinburgh ist der Züchter dieses Apfels. Der gelb-orange gestreifte, kleine Apfel wurde ab 1880 über England hinaus verbreitet. Er schmeckt süß, fruchtig und würzig. Man pflückt ihn bereits im August als eine der ersten Apfelsorten im Herbst. Man genießt ihn von August bis Oktober. Der James Grieve kann nicht sehr lange gelagert werden. Sein festes, saftiges Fruchtfleisch wird bei der Lagerung mürbe.

JONAGOLD:

Eine Züchtung aus dem Apfel Jonathan und der Sorte Delicious. Die Veredelung gelang 1943 in den USA, aber erst 1968 kam der Jonagold in den Handel. Er ist groß, rund und erinnert in seiner Form an den Golden Delicious. Der Jonagold spricht den breiten Geschmack an, sein Verhältnis von Säure und Zucker ist ausgesprochen ausgewogen. Dazu ist er ein hübscher Kerl: groß, rund, grünlichgelb bis satt-gelb zeigt die Schale leuchtend orangerote Zeichnung. Von Oktober bis in den Mai hinein schmeckt der Jonagold, vor allem roh genossen, gut. Man kann ihn jedoch auch zu Mus kochen, als Bratapfel oder in Apfelringen braten oder als Gemüse dünsten.

IDARED:

Der Idared ist kein Zufall. Er entstand Mitte der Dreißigerjahre in den USA als Kreuzung der Sorten „Jonathan“ und „Wanger“. 1942 trat er seinen Siegeszug an. Weißlich gelb ist die Schale des Idared, er schmückt sich mit dunkelroten und hellroten Streifen. Im Geschmack ist dieser Apfel nicht sehr ausgeprägt. Er schmeckt fein, neutral und dabei ein wenig säuerlich. Pflückreif ist er von Mitte bis Ende Oktober. Essen kann man ihn von Januar bis Juli. Er eignet sich zum Roh-Essen, zum Backen, Dünsten und Braten.

COX ORANGE:

Er schmeckt tatsächlich ein wenig nach Orangen – fein säuerlich und fruchtig-süß. Der Cox wird oft als König unter den Apfelsorten bezeichnet. Um 1825 entdeckte R. Cox ihn in England und kultivierte den „Zufallsapfel“. 1850 wurde er in den Handel gebracht. Der Cox Orange schmeckt aromatisch, süß-fruchtig und würzig. Er ist kugelrund und wird nicht allzu groß. Von der Farbe her zeigt er eine orangerot bis bräunlichrot gezeichnete Schale. Der Apfel eignet sich zwar nicht zum Braten, umso mehr aber zum Backen, Kochen und Dünsten. Und ganz besonders gut schmeckt er gleich aus der Hand. Genießen sollte man den Cox Orange von Oktober bis März.

ELSTAR:

Ein Apfel, den man am besten roh ißt – möglichst von September bis Januar. Goldgelb mit roten Backen macht der Elstar einen guten Eindruck. Er eignet sich allerdings durch seinen fein säuerlichen Geschmack auch zum Backen und Kochen. Fürs Dünsten ist er dagegen nicht optimal.

Der Apfelbaum

Ein Apfelbaum ist ein Stück Heimat. Ein Apfelbaum begleitet uns im Garten durch die Jahreszeiten. Mit feinduftendem Blütenschmuck begrüßt er das Frühjahr; wir verfolgen das Wachsen und Gedeihen der Äpfel durch den Sommer, freuen uns an der Färbung des Laubes im Herbst und können uns im Winter an seiner vertrauten Gestalt erfreuen und uns damit trösten, daß an den kahlgewordenen Zweigen die Knospen schon wieder versprechen, daß das Leben weitergeht.

Wie schade, wenn ein Apfelbaum ausschließlich zum Produzenten von Früchten degradiert wird. Steht er nicht vielmehr in einem umfassenden Gefüge?
Einen Obstbaum auf dem eigenen Grundstück im naturgemäßen Landschaftsbau zu pflegen, ist eine Lebensaufgabe. Früher gab es ja sogar die Sitte, nach der Geburt eines Kindes einen Apfelbaum zu pflanzen!

War früher der Garten am Haus eine Selbstverständlichkeit, haben heute die wenigsten Menschen noch die Möglichkeit, einen großen Garten zu bewirtschaften und eigene Apfelbäume zu pflegen. Die meisten kaufen ihre Äpfel, und das stellt den Erwerbsobstanbau vor die Aufgabe, möglichst „schöne" Äpfel in großer Zahl zu liefern.

Durch intensives Bewirtschaften mit großem Einsatz von Kunstdüngern, starken Spritzgiften und ausgiebiger Bodenbearbeitung kann der Apfelbaum und damit auch der Apfel jedoch seine ganzheitliche Wirkung auf die Umwelt und den Menschen verändern. Das Gleichgewicht des Bodens wird gestört, die Singvögel und Greifvögel, die Insekten und Schmetterlinge verlassen den Baum, ja auch der Apfel verändert sich. Farbe, Aroma und Geschmack leiden; wer einmal eine alte Apfelsorte gegen eine neue, ertragreiche Züchtung probiert, begreift den Unterschied! Hinzu kommt, daß der Apfel bei intensivem Anbau oft schon geerntet wird, bevor er reif ist. Das heißt, Mineralien, Vitamine und Aromastoffe konnten sich noch gar nicht ausreichend entfalten.

Als Antwort versucht man darum heute, im Obsterwerbbau mit dem sogenannten „kontrollierten integrierten Anbau" eine Lösung zu finden, die sowohl dem Ertrag, aber auch dem Schutz der Umwelt gerecht werden soll. Bei diesem möglichst schonenden Anbau-Verfahren werden die Obstanlagen genau überwacht. Die Biologie von Schädlingen und Nützlingen muß stimmen. Zu den aufeinander abgestimmten Kulturmaßnahmen gehört die schonende Bodenpflege zur Erhaltung und Verbesserung der Bodenfruchtbarkeit.

Das Institut für Obst- und Gartenbau in Geisenheim testet zum Beispiel die Auswirkung einer unterschiedlich gepflegten Baumscheibe auf den Ernte-Ertrag. Resultat: Die Baumscheibe – also die Erde, die unmittelbar am Boden den Stamm umgibt – sollte frei von Bewuchs sein und entweder mit leichtem Rindenmulch oder Grasmulch abgedeckt werden. Zwischen den Apfelbäumen dagegen darf auch in größeren Kulturanlagen Gras wachsen. Das verhindert die Austrocknung des Bodens. Statt Schädlingsgifte zu sprühen, setzen die Obstbauern unter anderem Lockstoff-Fallen ein. Singvögel und Greifvögel werden durch Nisthäuser und Sitzstände angelockt.
Jeder Obstbauer, der an dem Programm des kontrollierten, integrierten Anbaus von Äpfeln in Deutschland teilnimmt, verpflichtet sich, diese Anbaurichtlinien einzuhalten. Er wird überwacht durch die zuständigen regionalen Behörden. Äpfel aus den entsprechenden Anlagen werden im Handel mit einem Gütezeichen für kontrollierten integrierten Anbau gekennzeichnet.

Hessische Apfelsorten

Hessen, im „Herzen Deutschlands", war immer schon durch mannigfaltige Einflüsse der Nachbarländer geprägt. So finden sich in Hessen viele Obstsorten, die es in anderen Bundesländern auch gibt. Über Handelsbeziehungen und auch persönliche Bekanntschaften gelangten sie zu uns. Fahrende Händler brachten zum Beispiel Sorten mit, die man sonst mehr im norddeutschen Küstenklima findet, wie den „Boikenapfel" oder den „Gravensteiner". Aus dem Rheinland kamen die „Rote Sternrenette" oder der „Große Rheinische Bohnapfel" zu uns, der als „Bohnapfel" in ganz Hessen heimisch geworden ist. Er wird sogar so häufig angebaut, daß er die Grundlage des „Frankfurter Äppelwoi" bildet.

Neben diesen in Hessen allgemein verbreiteten Sorten gibt es noch solche, die nur in Hessen angebaut werden, sogenannte Lokalsorten. Diese sind wenig bekannt, oft kennen sie nur Einheimische. Aber selbst in dem Ort ihres Ursprungs sind es meist nur wenige, die noch wissen, wo Bäume der jeweiligen Lokalsorte stehen. Wenn man Glück hat, findet man noch zumeist ältere Obstlieberhaber, die sich auskennen.

Selten ist man sich bewußt, daß es sich um einzigartige, schützenswerte Individuen handelt, oft die „letzten ihrer Art". Fallen diese Bäume dem Sturm zum Opfer oder müssen sie Straßen oder Häusern weichen, dann geht unwiederbringlich ein Stück Kulturgut verloren.

Eine Sorte birgt eine für sie typische, einzigartige Summe von Eigenschaften, z.B. Geschmack, Haltbarkeit, Säuregehalt, Eignung zum Mosten etc., die in dieser Kombination nur sie und keine andere Sorte besitzt. Die meisten Lokalsorten sind besonders gut an das örtliche Klima angepaßt. So wächst z.B. der „Rote Ausbacher" (Abb. 1, links), der in dem Dorf Ausbach in der Rhön bei Bad Hersfeld vorkommt, hervorragend in den rauhen Höhenlagen der Röhn. Hätte er sich nicht dort bewährt oder wären seine sonstigen Eigenschaften nicht erwünscht gewesen, so hätte man ihn nicht weitervermehrt, eine „Lokalsorte" wäre nie entstanden.

Viele werden sich fragen, wo diese alten Sorten bzw. Lokalsorten erhältlich sind. Bis auf wenige Ausnahmen sind sie nicht in Baumschulkatalogen zu finden. Es ist aber geplant, sie durch gezielte Vermehrung und Aufnahme in das Sortiment bestimmter Baumschulen wieder in der hessischen Landschaft zu verbreiten.

Die „Rote Walze" (Abb. 1, rechts) ist inzwische sehr selten geworden, obwohl sie gut schmeckt un bemerkenswert aussieht. In der Rhön gibt es noc wenige Bäume und bundesweit nur eine Baum schule, die sie im Sortiment führt. Demgegenüb gibt es Sorten, die überall in Hessen und auc sonst in Deutschland vorkommen:

In der Rhön ist u.a. eine Lokalsorte besonde bekannt: der „Ausbacher Rotapfel" oder „Rote Ausbacher" (Abb. 1, links). Die leuchtend sch nen Früchte halten sich bis weit ins Frühjahr hi ein und finden vornehmlich als Kelteräpfel Ve wendung.

Die „Schafsnase" (Abb. 2, rechts), korrekterwei nach ihrer Herkunft auch „Rheinische Schafsn se" genannt, ist in ganz Hessen verbreitet. Il Name leitet sich von der Form des Apfels her, d an die typische „Ramsnase" eines Schafes eri nert. Die Schafsnase ist ein guter Wirtschaftsapfe der sich zum Rohgenuß, aber auch hervorragen zur Apfelweinherstellung eignet. Mit dem Oberb griff „Schafsnase" wird aber auch eine gan Gruppe von Äpfeln zusammengefaßt, die a Norddeutschland stammen und dort mit ihre korrekten Namen „Prinzenäpfel" bezeichnet we den. Die in Hessen verbreiteten Typen des Pri zenapfels sind frühreif, schmecken mild, werde aber bald mehlig.

Der „Geflammte Kardinal" war früher in Hesse weit verbreitet, heute trifft man ihn nur noch se ten an. Seinen Namen trägt er, weil um den Kel dicke Rippen verlaufen, die an einen Kardinal hut erinnern; er wird Ende September reif un besitzt ein mürbes, lockeres Fleisch mit milden angenehmen Aroma. Ihm sehr ähnlich oder na verwandt ist der „Iochus" oder „Herrenapfe (Abb. 2, links), der in der Rhön verbreitet is Eventuell handelt es sich auch um einen mehr r lich gefärbten Typ des „Geflammten Kardinales

Der „Rote Eiserapfel" (Abb. 3, rechts) ist ei sehr alte Sorte, die in ganz Deutschland verbreit ist. Die auch als „Anderthalbjähriger Streifling bezeichnete Sorte hält sich bis in den Mai/Ju hinein, hat ein festes, saftiges Fruchtfleisch un wird vorwiegend zur Saft- bzw. Weinbereitu verwandt. Er ist unempfindlich und kann auc noch in rauhen Lagen angebaut werden.

Der „Danziger Kantapfel“ (Abb. 3, links) ist überall in Deutschland zu finden. Sein Name leitet sich von Rippen ab, die kantig über die Frucht verlaufen. Bei einigen Exemplaren ist auch ein scharfer Grat fühlbar. Der Danziger Kantapfel trägt viele Doppelnamen: Brautapfel, Roter Kardinal (Rhön), Würzapfel (Hanau, Schlüchtern) etc., ein Beweis für seine weite Verbreitung. Mit seiner leuchtend roten Farbe fällt der Baum schon von weitem auf. Die Frucht eignet sich gut zum Rohgenuß und für alle häuslichen Verwendungsarten.

Abb. 1

Abb. 6

Abb. 2

Abb. 7

Abb. 3

Abb. 8

Abb. 4

Abb. 9

Abb. 5

Abb. 10

Die hessischen Lokalsorten weisen eine große Fülle von Formen und Farben auf; auch ihre Entstehung ist vielfältig. Der „Trendelburger Kalvill“ (Abb. 4, rechts) zum Beispiel wurde Anfang dieses Jahrhunderts von einem Gärtner aus Frankreich mitgebracht und in seinem Heimatort Trendelburg im äußersten Norden Hessens verbreitet. Er ist länglich-walzenförmig gebaut und wird wegen seines guten Geschmacks auch heute noch um Trendelburg herum gerne angebaut. Die „Korbacher Edelrenette“ (Abb. 4, links) ist ein sehr wohlschmeckender Apfel, der wegen seiner fettigen Schale auch „Schmierlätzchen“ genannt wird. Früher gab es ganze Alleen dieser Sorte, heute gibt es nur noch wenige bekannte Bäume.

Die „Metzrenette“ (Abb. 5, links) wurde auf einem Gut in der Nähe von Fritzlar aufgefunden; früher war sie dort auch verbreitet, heute existiert nur noch ein nachgewiesener Baum. Eine wahre Köstlichkeit ist der „Körler Edelapfel“ (Abb. 5, rechts), der bei dem Bau der Eisenbahn von Kassel nach Leipzig 1845-1848 von italienischen Bauarbeitern aus ihrer Heimat mitgebracht wurde. Er hat sich auch im nordhessischen Klima gut bewährt und wird wegen seines Wohlgeschmacks in und um Körle bei Melsungen gerne angebaut.

Der Gacksapfel (Abb. 6, links) wurde als Zufallssämling von einem Holzfäller namens Gack im Wald von Berghausen, Lahn-Dill-Kreis, aufgefunden. Es ist ein wohlschmeckender Winterapfel, der vorwiegend als Mostsorte genutzt wird. Von dem „Dillheimer Auapfel“ (Abb. 6, rechts) gibt es nur wenige Bäume. Es ist ein guter Wirtschaftsapfel, der als Einzelbaum in der Gemarkung Dillheim, Lahn-Dill-Kreis, gefunden wurde.

Der „Heuchelheimer Schneeapfel“ (Abb. 7) kommt in Heuchelheim bei Gießen häufiger vor. Sein Ursprung geht auf einen einzigen Baum, der Anfang dieses Jahrhunderts in Heuchelheim gefunden wurde, zurück. Er weist ein weißes Fruchtfleisch auf, das auch bei der Verwendung im Haushalt, z.B. zu Obstsalat, hell bleibt.

In der Wetterau gibt es eine große Anzahl von Lokalsorten. Der „Altenstädter Roter“ (Abb. 8, links) ist ein mehr oder weniger intensiv gefärbter Mostapfel. Ebenfalls gut für Most eignet sich der „Anhalter“ (Abb. 8, rechts).

„Dietzels Rosenapfel“ (Abb. 9, rechts) wurde von einem Gutsinspektor Dietzel auf einem Gutshof in der Wetterau gefunden. Der „Himbacher Grüner“ (Abb. 9, links) ist im Herbst ein guter Mostapfel, ausgangs Winter kann man diesen vorzüglichen Apfel auch frisch genießen.

Im Süden Hessens weist der Odenwald mehrere Lokalsorten auf: Der „Odenwälder Kurzstiel“ ist nur noch selten zu finden (Abb. 10, Mitte oben). Der „Reichelsheimer Mostapfel“ (Abb. 10, rechts) und der „Reichelsheimer Weinapfel“ (Abb. 10, links) sind hervorragende Kelteräpfel, die leider nur noch eine ganz geringe Verbreitung haben.

Wie mer Äppel pflückt und uffhebt

Das Wichtigste bei der Ernte ist, geduldig abzuwarten, bis die Äpfel reif sind!
Die Erntesaison von Äpfeln beginnt im Juli mit dem kleinen, grünen Klarapfel, der zwar nicht lange hält, aber ein feines Aroma hat und sich auch vorzüglich eignet zur Herstellung von Apfelmus und Apfelsaft. Gefolgt wird der Klarapfel im Erntereigen von den Spätsommeräpfeln Gravensteiner, Cox Orange, der Renette, der Goldparmäne. In den Herbst hinein dauert dann die Ernte von Berlepsch, Jonathan oder Boskoop. Der Boskoop wie auch die Apfelsorten Berlepsch, Clivia, Jonagold, Melrose oder Morgenduft sind Äpfel ausgesprochen für den Wintergenuß.
Manche Äpfel, wie der Glockenapfel, der Gloster oder der Golden Delicious, lassen sich bei richtiger Lagerung bis zum späten Frühjahr, ja sogar bis in den nächsten Frühsommer hinein aufheben!
In die Winteräpfel sollte man ohnehin nicht zu früh beißen, sie entfalten ihr volles Aroma erst nach einigen Wochen der Lagerung!
Reif ist ein Apfel dann, wenn man ihn mit vorsichtigem Drehen leicht vom Zweig lösen kann. Die Früchte immer mit dem Stiel pflücken, denn ein ausgerissener Stiel beeinträchtigt die Haltbarkeit der Äpfel. Beim Abernten dürfen auch die neuen Triebe mit Blatt und Knospe nicht beschädigt werden.
Äpfel sollte man bei trockenem Wetter vom Baum holen. Doch allzulanges Warten mit der Ernte kann auch gefährlich werden. Wenn die Äpfel den ersten leichten Nachtfrost abbekommen haben, darf man sie keinesfalls gefroren pflücken, sondern sollte abwarten, bis sie wieder aufgetaut sind.
Manche Apfelsorten können übrigens unbeschadet 6 Grad minus am Baum überstehen. Doch sollte man kurzzeitig angefrorene Äpfel trotzdem rasch verarbeiten. Sie eignen sich nicht mehr zum Trocknen, doch kann man aus ihnen vorzüglich Apfelmus und Saft bereiten!

PFLÜCKREIFE UND GENUSSREIFE

Man unterscheidet zwischen der Zeit des Pflückens und der Zeit des Genießens. Wenn sich der Apfelstiel gut von der Ansatzstelle am Zweig löst, ist der Apfel pflückreif – doch es wäre falsch, zu glauben, daß er jetzt auch am besten schmeckt!
Genußreif ist die Frucht nämlich erst nach ein paar Tagen oder sogar Wochen nach dem Pflücken. Der Apfel braucht eine bestimmte Dauer der Nachreife, dann erst kann sich sein Aroma voll entfalten.

Wie mer die Äppel lagert

Äpfel, die gelagert werden sollen, dürfen keine Druckstellen bekommen. An den Druckstellen faulen Äpfel rasch und sind damit eine Gefahr für die „Nachbaräpfel“. Es heißt schließlich auch: „Ein fauler Apfel steckt hundert gesunde an“.

Am besten legt man die Früchte vorsichtig nebeneinander in flache Holzkisten. Die unterschiedlichen Apfelsorten sollte man in einzelnen Hürden übereinander stapeln.

Wer Äpfel zusammen mit anderen Früchten lagert, die einen starken eigenen Geruch verströmen, riskiert, daß seine Äpfel an Aroma verlieren! So sollte man Äpfel zum Beispiel nicht gemeinsam mit Kartoffeln in einem Kellerraum lagern. Ein Tip aus Großmutters Zeit ist auch das Aufhängen von trockenem Farnkraut. Der Farn hilft gegen Lagerschäden und hält die Früchte länger frisch. Interessant ist es auch, reife Äpfel neben unreife Tomaten zu legen. Ein reifer Apfel regt nämlich die Nachbarfrüchte durch das in ihm enthaltene Äthylenoxyd zur Nachreifung an – so entwickelt sich die unreife Tomate schneller. Der Trick funktioniert übrigens auch bei noch nicht ganz ausgereiften Avocados.

Die ideale Lagertemperatur liegt bei ca. 5 Grad plus. Äpfel, die zu warm gelagert werden, trocknen rasch aus. Wer besondere Sorgfalt walten lassen will, kann sogar um jeden seiner Äpfel ein Papier wickeln. So wird die Verdunstung etwas aufgehalten, die Äpfel bleiben länger frisch und bekommen weniger Runzeln.

Beim Erzeuger oder Händler werden die Äpfel in großen, kühlen Räumen gelagert, in denen Temperatur, Luftzirkulation und Luftfeuchtigkeit immer gleichbleibend sind. Die natürliche Atmung der Äpfel bei der

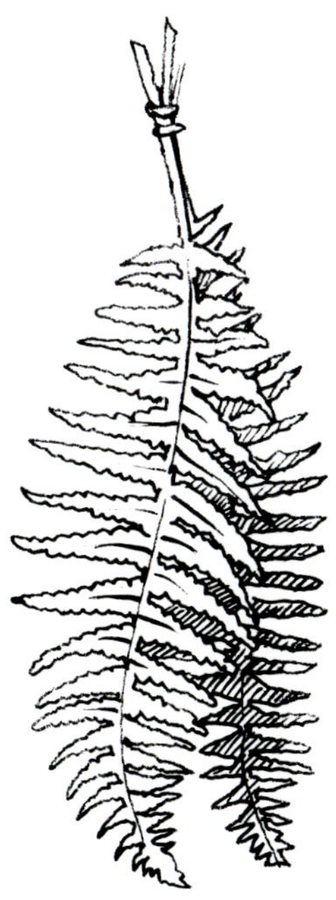

Lagerung wird außerdem noch durch einen Trick verlangsamt: Durch einen niedrigeren Sauerstoffgehalt im Lagerraum und einen höheren Anteil an Kohledioxyd halten sich die Äpfel für den Handel über einen längeren Zeitraum frisch.

Vitamine

Da fragte die Kundin am Obststand:
„Is in dene Äbbel Vitamin C?“
Und die Händlerin antwortete:
„Moment emal, mein Mann schneid’t Ihne emal aan uff!“

Wie mer mit Äppel richtig schee wird...

Ein Apfel ist gesund von innen – und von außen hilft er auch!

Manch einer, der eine Haut hat, glatt wie ein rosiges Äpfelchen, schwört auf die Schönheitspflege mit Äpfeln:

So kann man einen Apfel roh zu Brei drücken und dann mit etwas Rosenwasser aus der Apotheke mischen. Auf die Haut aufstreichen und eine Viertelstunde einwirken lassen. Die Maske mit lauwarmem Wasser abwaschen.

Mischen läßt sich der Apfelbrei auch mit Sesamöl, Weizenkeimöl oder mit Honig. In der Kombination mit Honig macht die Apfelbreimaske die Haut geschmeidig.

Das Pektin im Apfel führt der Haut Feuchtigkeit und Säure zu, so sieht das Gesicht nach einer solchen Maske frisch und rosig aus!

Man kann übrigens auch die Gesichtshaut einfach mit der Schnittfläche eines Apfels einreiben, das hat ähnliche Wirkung. Gerade bei schlaffer und trockener Haut wirkt eine solche Anwendung Wunder!

Ach ja – und so ein Äpfelchen hilft auch, mit der nicht zu vermeidenden Vergänglichkeit von Schönheit fertig zu werden:

Hat nicht auch ein mit feinen Runzeln überzogener Winterapfel seine ganz eigenen Reize? Er ist sicherlich nicht mehr so prall und „faltenfrei" wie ein junger Apfel frisch vom Baum, doch schmeckt er durch die Lagerung oft besonders fein und süß!

Der Schönheit zuträglich ist auch der Apfelessig: Nicht zu Unrecht sagten unsere Großmütter: Apfelessig macht schön!

Die Haut wird gestrafft durch eine morgendliche Abreibung des ganzen Körpers mit einer Mischung aus 1/3 Apfelessig und 2/3 Wasser.

Haare erhalten besonders schönen Glanz, wenn man dem Spülwasser etwas Apfelessig beigibt. Apfelessig über längere Zeit regelmäßig in die Kopfhaut einmassiert, soll sogar den Haarausfall mindern.

Äpfel und Gesundheit

„One apple a day
keeps the doctor away"
Dieses geflügelte Wort aus England verspricht uns nicht ohne Grund, daß ein Apfel am Tag so gesund ist, daß man keinen Doktor mehr braucht! Wie kommt es zu dieser beschworenen Wirkung?

Der Apfel hat's eben wirklich in sich, er ist eine wahre Fundgrube an Vitaminen: Vitamin A, verschiedene Vitamin B, Vitamin C zur Stärkung der Abwehrkräfte und Vitamin E.

Dazu liefert der Apfel eine ganze Reihe an Spurenelementen und über 20 Mineralien: unter anderem Kalium – das gut fürs Nervenkostüm und gegen Streß ist –, Magnesium, Kupfer, Phosphor, Kalzium, Eisen, Schwefel, Fluor und Chlor. Die Mineralien wirken unter anderem gegen Übersäuerung im Gewebe.

Reich ist der Apfel an Pektin, das die Eigenschaft hat, Wasser zu binden – und damit der Körperentwässerung dient. Pektin regt – ebenso wie die Zellulose im Apfel – den Darm an, gesundheitliche Störungen aus eigener Kraft abzubauen.

Ein Apfel macht nicht dick! 15 g Kohlehydrate in Form von Trauben- und Fruchtzucker geben schnelle Kraft, dabei hat ein Apfel nur ca. 0,6 g Fett. Er besteht zu 80 Prozent aus Wasser und hat nur rund 60 Kalorien. So eignet er sich vorzüglich als Diät zwischendurch, die außerdem hilft, abzunehmen! Denn wer vor dem Essen als Mittel gegen den großen Hunger einen Apfel verzehrt, ißt beim „richtigen Essen" nachher weniger.

Eine Diät mit Äpfeln bringt den matten Stoffwechsel wieder in Schwung, das Herz wird entla-

stet, Schlacken abgestoßen, die Atmung der Zellen angeregt.

Ja, eine Apfeldiät kann sogar bei zu hohem Cholesterin-Spiegel helfen. Die im Apfel enthaltenen Ballaststoffe Hernidellulose und Pektin binden die im Darm freigesetzte Gallensäure. Wird Gallensäure vom Körper neu gebildet, verbraucht er dabei Cholesterin. Das Pektin im Apfel mindert auch die Verkalkung, löst Verhärtungen und Verstopfungen der Arterien. Pektin hält übrigens auch die Haut elastisch – sie altert langsamer!

Vor allem aber hilft das Pektin, die Verdauung in Gang zu halten. Erstaunlicherweise wirkt der feingeriebene Apfel aber nicht nur gegen Verstopfungen, sondern gleichzeitig auch gegen Durchfall und andere akute Darmleiden. Manch einer erinnert sich ja an Kinderzeiten, in denen man bei Durchfall feingeriebene Äpfel verabreicht bekam. Und es half!

Auch bei erwachsenen Patienten ist eine solche Diät mit geriebenen Äpfeln ein einfaches und wirkungsvolles Mittel: Fünfmal am Tag zwei feingeriebene Äpfel löffeln – ohne Schale und Kerngehäuse! Wichtig ist dabei, daß nichts anderes am Tag gegessen wird. Meist reicht *ein* Tag mit einer solchen Apfeldiät, und am nächsten Tag ist das Leiden behoben. Der Hintergrund dieser verblüffenden Wirkung durch den Apfel ist das Pektin im Fruchtfleisch. Es nimmt im Darm Wasser und giftige Darmprodukte auf, schafft sie nach außen und verhindert damit die Ausbreitung der Bakterien.

Übrigens hat auch der bekannte Schweizer Arzt Dr. Bircher-Benner durch den Apfel gelernt. Als er einmal an Gelbsucht erkrankte und nach nichts anderem Verlangen hatte als nach Äpfeln, merkte er, wie sein Körper damit unbewußt eine ganz eigene Arznei wählte: Nach einigen Tagen, während der Arzt ausschließlich Äpfel aß, war er wieder vollständig genesen.

Die Entdeckung, wie gesund Äpfel für den Stoffwechsel sind, nutzte Dr. Bircher-Benner auch für das nach ihm benannte Bircher-Müsli. Das Müsli enthält roh geriebene Äpfel und ist bekanntermaßen der Gesundheit außerordentlich zuträglich.

Ja, und wie sollte man nun seinen täglichen Apfel verzehren und wann?

Auch dazu gibt es ein paar Tips: Niemals einen kalten Apfel essen, sondern ihn erst bei normaler Zimmertemperatur genießen. Dann ist er am verträglichsten, und sein volles Aroma kann sich entfalten. Der leichteste Weg ist, einfach in einen Apfel hineinzubeißen! Es ist allerdings ein Irrtum, zu meinen, daß man so auch die Zahnbürste spart. Der Apfel ist keine „natürliche Zahnbürste“, allerdings verhindert er die Plaquebildung.

Je besser man einen Apfel kaut, desto besser ist er zu verdauen. Kein anderes Nahrungsmittel wird so schnell von unserem Blut aufgenommen wie ein feingeriebener geschälter Apfel.

Übrigens kann man ruhig einmal versuchen, einen Apfel „ganz und gar“ zu essen – mit Schale, Kerngehäuse und Kernen! Diese Ballaststoffe sind gut und gesund – statt einem „Apfelbutzen“ bleibt nur noch der Stiel übrig! Schließlich sollte man

nicht vergessen, daß unter der Schale und auch im Kerngehäuse die wichtigsten Substanzen des Apfels sitzen – vor allem das Pektin und die Aromastoffe.

Wer die Äpfel roh schlecht verträgt, kann sie auch in wenig Wasser etwas garen – eventuell sogar mit ein wenig Butter. Auch getrocknete Äpfel sind besser verträglich als rohe. Und süße Äpfel sind bekömmlicher als säuerliche.

Wer einen empfindlichen Magen hat, verträgt Äpfel morgens und mittags besser als am Nachmittag und am Abend.

Wichtig beim Apfelessen ist auch, daß die faulen Stellen stets herausgeschnitten werden. Und nicht nur die sichtbare Fäule gilt es mit dem Messer zu entfernen, sondern gleich einen guten Teil des darunterliegenden Fruchtfleisches.

Ja – und wie viele Äpfel pro Tag soll man denn nun essen, um gesund zu bleiben? Die Antwort: so viele man gut verträgt! Äpfel in zu großen Mengen gegessen, können zwar zu Blähungen führen, doch 1 bis 5 Äpfel pro Tag wirken Wunder!

Äppel helfe beim Einschlafe!

Äpfel schälen. Die Schalen trocknen lassen. Bei Bedarf die trockenen Apfelschalen in Wasser aufkochen. Man rechnet auf 1 Liter Wasser eine Handvoll Schalen. Den Tee 5 Minuten kochen lassen und mit Honig süßen. Vor dem Zubettgehen zwei Tassen in kleinen Schlucken trinken. Wer mag, kann den Tee auch mit einer Prise Anis würzen!

Es soll Leut' gewwe, die danach besonners gut schlafe un von rote Äppelcher träume...

Apfelrezepte aus hessischen Küchen

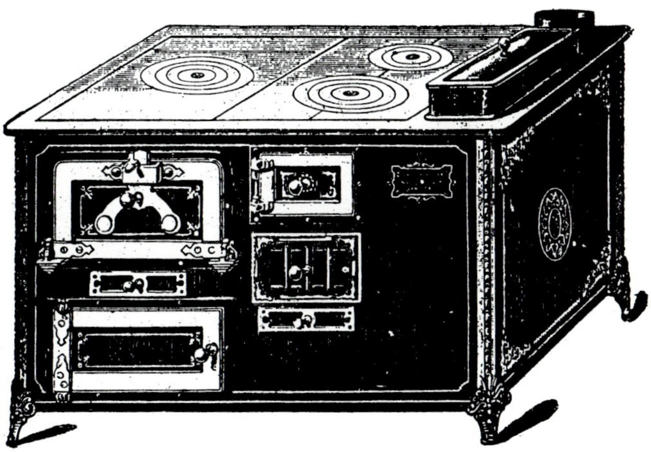

Apfelrezepte – welche Verführung! Wenn schon ein roher Apfel im Paradies so unwiderstehlich war, wie kann man dann um so mehr mit gebackenen, gesottenen, gebratenen, gedämpften, kandierten, flambierten, fritierten Äpfeln einen Gast umsorgen und verwöhnen!

Unsere Apfelrezepte sammelten wir bei Apfelfreunden in hessischen Regionen. Sie verrieten ihre Lieblings-Apfelspeisen – von der Suppe bis zum Kuchen. Dabei sind alle Rezepte für vier Personen berechnet – es sei denn, es geht um größere Mengen, was dann aber extra vermerkt ist.

Wir wünschen Ihnen viel Freude beim Ausprobieren und natürlich beim Schnabulieren!

Eines musst Du Dir gut merken,
wenn Du schwach bist, Äpfel stärken.
Äpfel sind die beste Speise,
für zuhause, für die Reise,
für die Alten, für die Kinder,
für den Sommer, für den Winter,
für den Morgen, für den Abend,
Apfelessen ist stets labend.
Äpfel glätten Deine Stirn,
bringen Phosphor ins Gehirn,
Äpfel geben Kraft und Mut
und erneuern Dir das Blut.
Darum mein Freund so lass Dir raten,
esse frisch, gekocht, gebraten,
täglich ihrer fünf bis zehn,
wirst nicht dick, doch jung und schön
und kriegst Nerven wie ein Strick,
Mensch, im Apfel liegt Dein Glück.

Sollte Ihnen irgendein spezieller Küchenbegriff unbekannt sein, dann schlagen Sie einfach das Glossar am Ende des Buches auf. Wer noch einmal nachlesen möchte, welche Äpfel sich am besten für welche Art von Zubereitung eignen, kann im Kapitel „Apfelsorten“ auf den Seiten 16 + 17 einige Tips finden.

Und wenn nach dem letzten Bissen eines der köstlichen Apfelgerichte der Appetit nach „mehr“ steht, dann dürfen Sie ruhig noch beim zweiten und dritten Teller ohne schlechtes Gewissen nachfassen, denn der Spruch

„wie einer ißt,
so schafft er auch“

gilt schließlich ganz besonders auch für Gerichte mit Äpfeln.

Tafelspitzsülze mit Böhnchen und Apfelstücken auf Kerbelschaum

Zutaten
1 kg Tafelspitz
1 Bund Suppengrün
400 g Prinzessbohnen
4 Äpfel
1 Glas Essig-Maiskölbchen
80 g Gelatine
400 g Schmand
100 g Kerbel

Zubereitung
Tafelspitz in kochendem Wasser blanchieren, anschließend kalt mit dem Suppengrün wieder aufsetzen, würzen und langsam kochen lassen, damit es eine klare Brühe gibt. Bohnen in sprudelndem Wasser blanchieren, abschrecken. Die Äpfel halbieren, Kerngehäuse entfernen und mit den Bohnen in kleine Würfel schneiden. Wenn der Tafelspitz gar und erkaltet ist, in dünne Scheiben schneiden. Warmen Tafelspitzfond durch ein Sieb schütten, auffangen, eingeweichte Gelatine unter 1 l Fond rühren.
Eine geeignete Form mit Klarsichtfolie auslegen.
Den Tafelspitz mit Bohnen, Äpfeln und Maiskolben schichtweise in die Form geben und mit dem Gelatine-Fond auffüllen, kaltstellen. Den Kerbel feinhacken, mit dem Schmand kräftig verrühren, mit Salz, Pfeffer und etwas Zucker abschmecken.
Rezept von Sven Hofmann

Odenwälder Lammschinken mit Apfelsalat

Zutaten
250 g Odenwälder Lammschinken
2 große säuerliche Äpfel
2 EL Crème fraiche
1 EL Joghurt
Himbeeressig, Walnußöl
Salz, Pfeffer, Zucker
Walnüsse

Zubereitung
Den geschnittenen Schinken anrichten. Die Äpfel schälen und in Streifen schneiden.
Aus Crème fraiche, Joghurt, Himbeeressig und Walnußöl ein dickflüssiges Dressing machen und damit die Apfelstreifen vermischen. Mit wenig Salz, Zukker und Pfeffer würzen. Den Apfelsalat neben dem Schinken anrichten und mit Walnüssen bestreuen.

Rezept von Armin Treusch

Schinkenterrine mit Apfelsauce

Zutaten Schinkenterrine
400 g gekochter Schinken
200 g Schweinefleisch
100 g roher Schinken
1 ganzes Ei
4 Eigelb
2 EL gehackte Pistazien
2 EL Senfkörner
2 EL Grünkernschrot
etwas Pfeffer
40 ml Weinbrand
40 ml Madeira
2 EL Pastetengewürz
2 dl geschlagene Sahne
etwas Piment

Zutaten Apfelsauce
3 große Äpfel
2 cl Weißwein
1 cl Hagebuttenwein
1 TL Zucker
2 Lorbeerblätter
1 EL Wacholderbeeren
etwas Salz und Pfeffer

Zubereitung Schinkenterrine

Den Schinken und das Fleisch mehrmals durch den Fleischwolf geben.
Die gehackten Pistazienkerne, Senfkörner, Grünkernschrot, Eier und Gewürze mit der Masse gut vermischen. Die geschlagene Sahne unterziehen.
Eine Terrine oder Kastenkuchenform mit frischem Speck auslegen, mit der Masse füllen und im Wasserbad im Backofen bei 180° ca. 50 Min. garen.

Zubereitung Apfelsauce

Gewürfelte Äpfel mit Weißwein, Hagebuttenwein, Zucker und dem Gewürzbeutel mit Lorbeer und Wacholderbeeren zu Kompott kochen, mit dem Mixer pürieren. Die erkaltete Terrine in dünne Scheiben schneiden, mit der Apfelsauce anrichten.

Rezept von Jeannot Eggerstedt

Hessischer Wurstsalat

Zutaten
600 g Preßkopf
3 große Äpfel
1/2 Zwiebel
5-6 Gewürzgurken
2 Tomaten

Zubereitung

Alles streifig schneiden. Für die Marinade Senf, Rotweinessig, Öl, 1 EL Zucker, Salz, Pfeffer, Knoblauch verrühren. Vor dem Anrichten portionsweise Tomatenstücke unterheben.

Rezept von Gertrud und Hans Stöckl

Blattsalate in Apfel-Kräuterdressing und frischem Meerrettich

Zutaten

Salate je nach Saison
Glatte Petersilie
Dill
Schnittlauch
1 TL Senf
1/8 l Öl
Äpfel
Salz, Pfeffer, Zucker, Essig
gehackte Kräuter nach Saison
Meerrettich geschabt

Zubereitung

Salate putzen, waschen, in einem Sieb abtropfen lassen. Kräuter waschen, Blattpetersilie zupfen, vom Dill kleine Sträußchen zupfen, Schnittlauch in kleine Röllchen schneiden. Frischen Meerrettich waschen, schälen und schaben.

1 TL Senf mit 1/8 l Öl glattrühren. Gewaschene, geschälte und entkernte Äpfel reiben und dazugeben.
Mit Salz, Pfeffer, Zucker und etwas Essig sowie den gehackten Kräutern abschmecken.

Salate mit Dressing marinieren, auf Tellern anrichten, mit Blattpetersilie, Dillsträußchen und den Schnittlauchringen garnieren und mit geschabtem Meerrettich bestreuen.

Rezept von Stefan Gütlich

Gewürzte Apfelvorspeise

Zutaten

1 großer Apfel
1 Bund Petersilie
1 kleine Gewürzgurke
6 Cocktailkirschen
1/2 Zitrone
4 EL Magerquark
1/4 TL Salz
1/2 TL Zucker
1 Prise Pfeffer

Zubereitung

Den Apfel schälen, das Kerngehäuse herausschneiden, den Apfel in 4 Scheiben schneiden. Petersilie waschen und kleinschneiden. Gewürzgurke in kleine Würfel schneiden. Cocktailkirschen ebenso würfeln, 1 EL Zitronensaft auspressen. Den Magerquark mit der Petersilie, dem Zitronensaft, Salz, Zucker, Pfeffer, den Gurken und den Kirschenwürfeln mischen.

Die Apfelscheiben auf 4 Tellerchen legen und darauf den angemachten Quark verteilen.

Rezept von den Landecker Landfrauen

Entenleberparfait mit karamelisierten Äpfeln, Linsensalat

Zutaten
300 g Entenleber
300 g Butter
2 Eier
0,1 l Portwein
etwas Thymian und Rosmarin
Salz, Pfeffer, Muskat
200 g Apfelwürfel
100 g Zucker
20 g Butter

Zubereitung
Die Leber mit den Eiern im Mixer fein pürieren. Die Butter hellbraun klären und etwas abkühlen lassen. Den Portwein auf die Hälfte einreduzieren und ebenfalls abkühlen lassen. Beides nun unter die Leber mixen und mit den Gewürzen fein abschmecken. Danach durch ein feines Sieb passieren.
Den Zucker mit der Butter karamelisieren lassen. Hat er die gewünschte Bräune erreicht, die Apfelwürfel nach und nach zugeben. Die Apfelwürfel müssen sofort unter den Karamel gerührt werden, damit durch das Abkühlen keine Zucker - Klümpchen entstehen. Die Apfelwürfel kürzere Zeit im Karamel kochen und danach abkühlen lassen.
Die Apfelwürfel unter die Lebermasse mischen und in eine mit Klarsichtfolie ausgelegte Backform geben. In einem heißem Wasserbad im Ofen bei ca. 120° in 45 Min. garen. Das Parfait über Nacht auskühlen lassen. Dazu paßt ein lauwarmer Linsensalat.

Rezept von Armin Treusch

Geräucherte Gänsebrust an Feldsalat in Cidre-Honig-Vinaigrette

Zutaten
Geräucherte Gänsebrust (angefroren dünn aufgeschnitten)
glasierte Maronen
2 Äpfel
Feldsalat
gehackte Walnüsse

Vinaigrette aus:
150 g Cidreessig
150 g Distelöl
125 cl Apfelsaft
2 EL Honig
Pfeffer aus der Mühle, Salz

Zubereitung
Die Gänsebrustscheiben, Maronen und die geschälten, in Achtel geschnittenen und kurz gedünsteten Äpfel auf flachen Tellern hübsch arrangieren.
Geputzten Feldsalat in der Vinaigrette wenden und abtropfen lassen. Auf den Tellern verteilen. Gehackte Walnüsse darüberstreuen und servieren.

Rezept von Joachim Sauter

Apfel-Leberpastete

Zutaten
350 g grobe Leberwurst
(Hausmacher vom Metzger)
3 kleine Äpfel
3 cl Apfelkorn
ca. 200 ml Apfelwein
9 Blatt Gelatine
20 g gehackte Gartenkräuter

Zubereitung
Leberwurstmasse mit den gehackten Kräutern in eine Schüssel geben.
Zwei Äpfel schälen, feinwürflig schneiden und in etwas Apfelwein blanchieren. Die Apfelstükke vorsichtig unter die Leberwurstmasse heben und mit Salz, Pfeffer aus der Mühle und Apfelkorn abschmecken. Den dritten Apfel in feine Spalten schneiden und ebenfalls in Apfelwein blanchieren.
Gelatine in kaltem Wasser einweichen, ausdrücken und in dem noch warmen Apfelwein auflösen (Apfelgelee).
Form befeuchten (mit Folie auslegen und mit Wasser aufgiessen. Die Folie glattziehen und Wasser abschütten).
Den Boden mit Apfelgelee ausgießen und erstarren lassen.
Mit Apfelspalten belegen. Das restliche Apfelgelee mit der Leberwurstmasse verrühren und die Form damit auffüllen. Ca. 2 Stunden im Kühlschrank kaltstellen, stürzen, mit Salatbukett anrichten und Bauernbrot dazu servieren.

Rezept von Stefan Gütlich

Tatar von Matjes im Gimbi-Apfel

Zutaten
400 g milde Matjesfilets
100 g Zwiebeln
40 g Gewürzgurke
1 EL Kapern
2 EL gehackte Kräuter
2 TL Zitronensaft
1 TL Senf
20 ml Cognac
etwas Pfeffer aus der Mühle
4 mittelgroße weiche Äpfel
150 g saure Sahne
2 EL frischer Schnittlauch

Zubereitung
Die gewässerten Matjesfilets fein hacken. Gehackte Kapern, Zwiebeln, Gewürzgurke hinzufügen. Mit Pfeffer, Senf und Cognac würzen. Einen mittelgroßen süßlichen Apfel ausstechen und mit dem Tatar füllen. Saure Sahne mit etwas Apfelsaft glattrühren, mit geschnittenem Schnittlauch, Salz und Pfeffer würzen. Den gefüllten Apfel auf dem Sahnespiegel anrichten.
Am besten schmeckt Vollkornbrot dazu.

Rezept von Jeannot Eggerstedt

Forellen-Apfel-Salat

Zutaten

4 geräucherte Forellenfilets
2 Äpfel
2 EL Essig
4 EL Öl
Salz, Pfeffer
1 Bund Petersilie
1 Paket tiefgefrorener Blätterteig

Zubereitung

Die Forellenfilets in kleine Stücke zerpflücken. Die geschälten und vom Kernhaus befreiten Äpfel grob raspeln. Aus Essig, Öl, Salz, Pfeffer und feingehackter Petersilie eine Marinade bereiten, über die zerpflückten Forellen und die Äpfel geben und die Zutaten vorsichtig mischen. Den Salat 12 Stunden kühl stellen und durchziehen lassen. In der Zwischenzeit ein Backblech mit Wasser abspülen. Tiefgefrorenen Blätterteig mit einem Rollholz ausrollen und vorsichtig Äpfel ausschneiden (nach Papiermuster oder halbiertem Apfel). Blätterteigäpfel mit Eigelb bestreichen und ca. 10-15 Min. bei 225° im vorgeheizten Backofen backen.

Salat mit Blätterteigäpfeln, einer Zitronenscheibe und einem grünen Salatblatt anrichten.

Rezept von Stefan Gütlich

Apfel-Matjes-Tatar auf Pumpernickel-Brot

Zutaten

4 Matjes-Doppelfilets
300 g saure Sahne
400 g Crème fraiche
4 Äpfel
1 Stange Lauch
etwas Obstessig
8 Scheiben Pumpernickel
oder dunkles Vollkornbrot

Zubereitung

2 Äpfel schälen, halbieren und Kerngehäuse entfernen. Matjesfilets mit den Äpfeln zu Tatar hacken, die saure Sahne darunter rühren.

Aus einer Scheibe Pumpernickel 2 kleine Scheiben ausstechen. Den Ausstecher wieder aufsetzen und mit dem Tatar bis zur gewünschten Menge füllen und den Ausstecher vorsichtig wieder runter heben.

Den Lauch der Länge nach halbieren, waschen und in Streifen schneiden.

Zwei Äpfel schälen, mit einer Rohkostreibe zu Streifen reiben und unter den Lauch mischen. Den Apfel-Lauchsalat mit der Crème fraiche, Essig, Salz, Zucker und etwas Pfeffer vermengen und abschmecken.

Rezept von Sven Hofmann

Parfait vom Räucherlachs

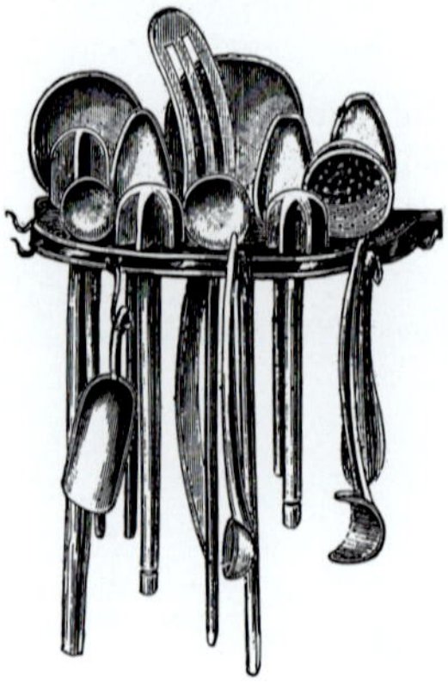

Zutaten

250 g Räucherlachs
5 cl Noilly Prat
25 cl Fischfond
15 cl Weißwein
40 g Crème double
2 1/2 Blatt Gelatine
1 TL gehackter Dill
250 g Schlagsahne
Spinatblätter und Räucherlachs zum Auslegen der Form

Zubereitung

Räucherlachs parieren. Parüren, Noilly Prat, Fischfond, Weißwein auf ein Fünftel reduzieren, dann passieren. Crème double zugeben. 10 Min. köcheln lassen, mit der Hälfte des Räucherlachses mixen. Restlichen Lachs in Brunoise (feine Würfel) schneiden, Dill, Lachs, Gelatine zugeben. Sahne unterziehen.
Terrinenform mit Folie, blanchierten Spinatblättern und den Räucherlachsscheiben auslegen, Lachsfarce einfüllen. – 3 Std. kalt stellen.

Rezept von Joachim Sauter

Katerfrühstück

(für 1 Person)

Zutaten

Eine dicke Apfelscheibe
etwas Zitronensaft
1 Kronensildfilet oder Rollmops
2 Cornichons
1 Zitronenscheibe
Petersilie zum Garnieren

Zubereitung

Die Apfelscheibe mit Zitronensaft beträufeln und auf einen kleinen Teller legen. Das Filet daraufsetzen, mit den Gürkchen, der Zitronenscheibe und Petersilie garnieren.

Rezept von den Landecker Landfrauen

Klare Suppe von Liebesäpfeln mit Perlen von der Goldparmäne, Blattsilber

Zutaten

150 ml Traubenkernöl
1 kleine Zwiebel
1 Karotte, 1 kleines Stück Sellerie
1/4 Stange Lauch
500 g geschälte Tomaten
1 1/2 l Rinderkraftbrühe
1 Lorbeerblatt
1 kleiner Zweig Thymian
Salz, Zucker, Pfeffer aus der Mühle
1 Goldparmäne
Blattsilber

Zubereitung

Das Öl erhitzen, die in Würfel geschnittenen Gemüse (Zwiebel, Karotte, Sellerie und Lauch) anschwitzen, die geviertelten Tomaten, Lorbeer und Thymian zugeben und mit der Brühe auffüllen. Ca. 50 Minuten leicht köcheln lassen. Die Tomatensuppe durch ein Passiertuch giessen und dann abschmecken.

Die Goldparmäne schälen, mit einem kleinen Ausstecher Perlen ausstechen und in die heiße Suppe geben. Ca. 5 Min. ziehen lassen.
Vor dem Servieren das Blattsilber zugeben.

Rezept von Horst Weihrich

„Meerrichsopp“ Suppe von frischem Meerrettich mit gebratenem Apfelring

Zutaten

1 l Fleischbrühe
5 Scheiben gewürfeltes Weißbrot
3 Eigelb
4 EL Sahne
etwas Butter
4 EL geriebener Meerrettich
1 Apfel

Zubereitung

Brühe kochen lassen, Weißbrot in die Suppe geben und köcheln lassen, bis alles leicht gebunden ist, dann den Meerrettich hineinrühren.
Eigelb mit Sahne verquirlen und unter die vom Herd genommene Suppe geben.
Apfelringe in Butter goldgelb braten und auf die in Teller gefüllte Suppe legen.

Rezept von Arno Roth

Apfel-Meerrettichsuppe mit geräucherter Forelle

Zutaten
100 g Äpfel
15 g Zwiebeln
15 g Butter
1/2 l Apfelsaft
1/4 l Weißwein
1/4 l Brühe
1 TL Meerrettich
0,2 l Sahne
200 g geräucherte Forelle

Zubereitung
Geschälte und vom Kerngehäuse befreite Äpfel und Zwiebeln in Würfel schneiden und in der Butter farblos anschwitzen. Mit Weißwein und Apfelsaft ablöschen und auf ein Drittel reduzieren. Mit Brühe aufgießen und kochen lassen. Dann den Meerrettich zugeben und mit Sahne verfeinern. Das Ganze ein paar Minuten köcheln lassen und mixen, dann passieren und mit Salz, Pfeffer und Zitronensaft abschmecken. Die Forelle in Würfel schneiden und in vorgewärmte Tassen geben. Die fertige Suppe mit etwas geschlagener Sahne aufmixen und auf die Forellenstückchen gießen.
Als Garnitur kann man ein paar Apfelkugeln und Karottenstreifen auf die Suppe geben.

Rezept von Familie Stöckle

Hessische Erdäpfelsuppe

Zutaten
1 Apfel
80 g Speck
1 kleine Zwiebel
1 l Fleischbrühe
1 Bund Petersilie
Majoran
Salz u. Pfeffer
2 große Kartoffeln
2 Scheiben Toastbrot

Zubereitung
Kartoffeln schälen, in kleine Würfel schneiden, mit der Zwiebel, dem Apfel und dem kleingewürfelten Speck anschwitzen. Mit Bouillon aufgießen, mit Majoran, Petersilie, Salz und Pfeffer würzen. Toastbrot kleinschneiden, in Butter braten.
Beim Anrichten der Suppe mit dem Toastbrot garnieren.

Rezept von Peter Klier

Apfelschmalz

Zutaten

250 g Schweineflomen
250 g frischer Rückenspeck
100 g Zwiebeln
350 g Äpfel
1/2 TL getrockneter Majoran

Zubereitung

Kleingeschnittene Flomen und Speck im Topf auslassen, bis die Grieben hellgelb sind. Zwiebeln, Äpfel sowie den feinen Majoran dazugeben und alles kochen lassen, bis die Zwiebeln goldbraun sind. Das Fett sofort in einen kühlen Steinguttopf umfüllen, sonst verbrennen die Zwiebeln nachträglich in dem heißen Fett.

Rezept von den Landecker Landfrauen

Apfelmeerrettich, Apfelsenf

Apfelmeerrettich

Paßt gut zu Fischgerichten!
Dazu einen Apfel reiben. 100 g Meerrettich reiben (oder aus der Tube) und mit 3 EL steifgeschlagener süßer Sahne vermischen.

Apfelsenf

Zu kaltem Fleisch und Fleischfondue schmeckt Apfelsenf. Dazu werden 6 EL mittelscharfer Senf mit 6 EL Apfelmus verrührt. Eine aparte Sauce ist fertig!

Rezepte von den Landecker Landfrauen

Preiselbeeren mit Äpfeln

(zu Wildgerichten)

Zutaten

1 kg Preiselbeeren
500-750 g Zucker
500 g würzige Äpfel
1/4 l Wasser oder Rotwein

Zubereitung

Äpfel mit der Schale raspeln und mit Wein (Wasser) und Zucker aufkochen, dann die Preiselbeeren dazugeben und nochmals aufkochen lassen. In Geleegläser füllen und mit Einmachcellophan verschließen.

Rezept von Gertrud und Hans Stöckl

Apfelgelee mit Rosenblättern

Zutaten
1 kg Äpfel
Schale einer ungespritzten Zitrone
500 g Zucker
200 g Blütenblätter
von stark duftenden Rosen

Zubereitung
Von den gewaschenen Äpfeln Stiel und Blüte entfernen. Ungeschält mit dem Kerngehäuse in Stücke schneiden. Die Äpfel in einen breiten Topf geben und soviel Wasser einfüllen, daß die Apfelstücke knapp bedeckt sind. Die Zitronenschale ganz dünn abschälen und beifügen. Erhitzen und die Zitronenschale herausnehmen, bevor die Flüssigkeit kocht. Die Äpfel so lange kochen, bis sie zerfallen. Abkühlen lassen und den Saft durch ein Geschirrtuch filtern.
Die Rosenblätter waschen, kurz in kochendes Wasser geben und dann in kaltem Wasser abschrekken. Auf einem Küchentuch abtropfen lassen. 500 g Saft mit dem Zucker erhitzen. Rosenblätter beifügen und das Gelee solange kochen, bis ein Tropfen, der auf einen kalten Teller fällt, fest wird. Das Gelee heiß in Gläser füllen und verschließen.
Rezept von Christa Gombel

Apfelkonfitüre mit Salbei

Zutaten
2 kg Äpfel
1 Bund Salbei
1,5 kg Gelierzucker

Zubereitung
Äpfel schälen, vierteln, entkernen und würfeln.
Mit 1/8 l Wasser bei kleiner Hitze zehn Minuten dünsten. Salbei waschen.
Die Blättchen von den Stielen abzupfen und kleinschneiden. Zusammen mit dem Gelierzucker unter die Äpfel rühren und zum Kochen bringen.
Vier Minuten sprudelnd kochen lassen. Heiß in die vorbereiteten Gläser füllen und verschließen.
Ergibt ca. 7 Gläser à 450 g.
Rezept von
Gertrud und Hans Stöckl

Odenwälder Schupfnudeln mit Apfelsauce und Apfelrotkraut

Zutaten Schupfnudeln

1 kg gekochte, geriebene und kalte Kartoffeln
100 g Mehl
50 g Grieß
1 Ei
Salz, Muskat, Schnittlauch oder Petersilie (gehackt)

Zubereitung

Aus den Zutaten einen Teig bereiten, zigarrenförmige, fingerdicke Klöße formen und in siedendem Salzwasser garen.

In einer Pfanne Weckmehl in Butter goldgelb anrösten und die abgetropften Schupfnudeln darin schwenken. Passend zu allen Wildgerichten wie Reh, Hirsch, Hase und Wildschwein.

Apfelsauce

Leichtes Apfelpüree mit Weißwein zubereiten und mit Zimt und wenig Zucker abschmekken. Vorsichtig mit Cayennepfeffer würzen und mit einigen grünen Pfefferkörnern bestreuen.

Apfelrotkraut

Zucker in Butterschmalz hellbraun karamelisieren, feingeschnittene Zwiebeln kurz anschwitzen und mit reichlich Rotwein ablöschen. Apfelstücke, das feingeschnittene Rotkraut sowie Essig und Salz zugeben.
Mit einer dünn abgeschnittenen Zitronenschale (unbehandelt) und mit einer mit Lorbeer und Nelken gespickten Zwiebel garen.

Rezept von Otto Sattler

Himmel und Erde: Gebackene Blutwurst mit Röstzwiebeln, glacierten Apfelspalten, Kartoffelbrei

Zutaten

500 g Blutwurst
2 Äpfel
100 ml Weißwein
50 g Zucker
2 kg geschälte Kartoffeln
ca. 3/4 l Milch
100 g Butter
Salz, Muskat
200 g Röstzwiebeln

Zubereitung

Blutwurst in Scheiben schneiden und braten. 2 säuerlich schmeckende Äpfel schälen, in Spalten schneiden und in den kochenden Wein geben, mit Zucker abschmecken, kurz ziehen lassen. Abschütten und in der Butter nachbraten.

Die Kartoffeln in Salzwasser gar kochen. Die Kartoffeln abschütten und in eine Schüssel pressen. Mit der Milch zu Püree verarbeiten, Butter unterziehen, mit Salz und Muskat abschmecken.

Anrichten und die Röstzwiebeln über das Püree geben.

Rezept von Horst Weihrich

Ochsenfleisch in warmer Kräutersauce

Zutaten Ochsenfleisch
1 kg durchwachsenes Ochsenfleisch
1 Stange Lauch
2 Karotten
Sellerieblätter
1 TL Pfefferkörner
etwas Salz u. Pfeffer

Zutaten Apfelkräutersauce
150 g Butter
50 g Mehl
3 dl Fleischbrühe
125 g Grüne-Sauce-Kräuter
etwas Salz und Pfeffer
150 g süße Sahne
2 große Äpfel
2 dl Apfelmost
20 ml Calvados

Zubereitung Ochsenfleisch
Ochsenfleisch ca. 2 Std. mit dem Lauch, den Karotten, den Sellerieblättern, Salz und Pfefferkörnern bei kleiner Hitze kochen.

Zubereitung Apfelkräutersauce
Für die Grundsauce das Mehl in der zerlassenen Butter anschwitzen und mit Fleischbrühe ablöschen. Die frischen feingehackten Kräuter, Apfelwürfel, Apfelmost, Calvados und süße Sahne hinzugeben. Bei kleiner Hitze ziehen lassen. Verrühren und mit etwas Salz und Pfeffer aus der Mühle abschmecken.

Rezept von Jeannot Eggerstedt

Lammkotelettes mit glacierten Apfelspalten und Rosmarinsauce

1000 g Kotelette (20-24 Stück) leicht klopfen und mit Salz, Pfeffer, Knoblauchpulver und frischen Kräutern würzen. In der Pfanne in heißem Öl rosa braten, herausnehmen, warmstellen, Öl abschütten. Mit Apfelwein ablöschen, etwas frischen Rosmarin dazugeben, mit 4 EL Schmand binden und dann abschmecken.

Äpfel waschen, Kerngehäuse ausstechen, schälen, halbieren und in Spalten schneiden.

80 g Butter in der Pfanne gut heiß werden lassen. Dann darin 160 g Zucker karamelisieren lassen. Danach die Äpfel darin glacieren. Mit dem Fleisch und der Sauce servieren.

Rezept von Stefan Gütlich

Schweinefilet im Nest

Zutaten

600 g Kartoffeln
50 g Butter
knapp 1/4 l Milch
Salz, Pfeffer aus der Mühle
geriebene Muskatnuß
500 g rote, süße Äpfel
2 EL Zitronensaft
2 EL Zucker
1 Glas Apfelwein oder Cidre
2-4 EL Butterschmalz
oder geklärte Butter
ca. 800 g Schweinefilets
1 Bund Schnittlauch
(in Röllchen)

Zubereitung

Kartoffeln schälen und in Salzwasser garen. Durch die Kartoffelpresse drücken und die warme Milch unterrühren. Kalte Butter untermischen und mit Salz, Pfeffer und Muskat abschmecken. Warmstellen.
Äpfel schälen, vierteln, entkernen und quer in Spalten schneiden. Mit Zitronensaft beträufeln, im Fett anbraten, aus der Pfanne nehmen und mit etwas Zucker bestreuen. Fleisch salzen und pfeffern und in dem vorhandenen Apfelfett braun anbraten, eventuell noch Fett hinzufügen. Mit Apfelwein ablöschen, fertig garen lassen. In Folie gewickelt ca. 10 Min. ruhen lassen. Den Fond reduzieren, Äpfel dazugeben und mit dem Fleisch anrichten.
Serviervorschlag: Kartoffelpüree in den Spritzbeutel einfüllen, zu einem Nest auf dem Teller anrichten. Das Schweinefilet im Kartoffelnest anlegen und mit der Apfelsauce bedecken. Das Kartoffelpüree mit den Schnittlauchröllchen garnieren.
Rezept von Familie Friese

Apfel-Kartoffel-Lauch-Gratin

Zutaten

350 g geschälte
mittelgroße Kartoffeln
350 g Äpfel, geschält
0,2 l Milch
5 cl Sahne
1 kleine Stange Lauch, in Streifen
geschnitten

Royale aus:

40 g Eigelb
70 g Ei
140 g Milch
Salz und Muskat

Zubereitung

Die Kartoffeln und die Äpfel in 2 cm dicke Scheiben schneiden und abwechselnd in eine feuerfeste Form schichten. Mit Milch und der Sahne übergießen. Mit Salz und Muskat würzen. Ca. 1 Stunde bei 180° im Ofen garen. Die Lauchstreifen anschwitzen und auf die gegarten Kartoffeln geben. Die Royalemasse darübergießen. Nochmals bei 180° garen, bis die Eimasse gestockt hat und goldgelb ist.
Rezept von Joachim Sauter

Ebbelwoi-Hinkelsche mit Graupen-Pfifferlingsrisotto

Zutaten Hinkelsche

4 Hähnchenbrüste
Fett, Salz, Pfeffer
50 g Zwiebelwürfel
40 g Karottenwürfel
30 g Lauchwürfel
80 g Apfelwürfel
0,4 l Geflügeljus
0,2 l Apfelwein

Zubereitung

Die Hähnchenbrüste würzen und in einem Bräter in heißem Fett anbraten. Die Brüste wieder herausnehmen. In diesem Fett die Gemüse- und Apfelwürfel leicht anbraten. Mit der Geflügeljus und dem Apfelwein auffüllen. Die Brüste wieder einlegen und in 20-30 Min. fertig schmoren. Die Sauce kann eventuell noch etwas eingekocht werden.

Zutaten Risotto

200 g Gerstengraupen
40 g Zwiebelwürfel
20 g Butter
ca. 1/2 l Wasser
Salz, Pfeffer
200 g Pfifferlinge
20 g Butter
5 cl Sahne

Zubereitung

Die Zwiebelwürfel in der Butter andünsten.

Dann die über Nacht gut eingeweichten Graupen dazugeben, mit Wasser aufgießen und würzen. Aufkochen lassen und zugedeckt bei kleinster Hitze gar ziehen lassen. Dabei öfter umrühren. Die Graupen sind nach ca. 30 Min. weich. Die Pfifferlinge putzen, waschen und etwas kleinhacken. In der Butter in einer Pfanne kurz anschwitzen und zu den Graupen geben. Risotto mit der Sahne durchkochen und abschmecken.

Rezept von Armin Treusch

Apfel-Frikadellen

Zutaten

500 g gemischtes Hackfleisch
1 Zwiebel
1 Apfel
2 EL Paniermehl
1 Ei
Pfeffer, Salz, Muskat

Zubereitung

Zwiebel und Apfel schälen und in sehr kleine Stücke schneiden. Mit Hackfleisch, Paniermehl, Ei und Gewürzen gut vermischen. Aus dem Teig Frikadellen formen und in heißem Fett in der Pfanne beidseitig gut braten (insgesamt ca. 20 Min.).

Rezept von Renate Osburg

Himmel und Erde, einmal anders serviert...

Zutaten
600 g Kartoffeln
4-5 süße Äpfel
Saft von 2 Zitronen
knapp 1/4 l Milch
100 g Butter
Salz, Pfeffer aus der Mühle
geriebene Muskatnuß
2 EL Butter
4 EL Zucker
640 g Kalbsleber (30 Min. in 1 l Milch einlegen)
4 EL Calvados
0,1 l Rinderfond oder Bouillon

Zubereitung
Kartoffeln schälen und in Salzwasser garen. Kartoffeln durch die Kartoffelpresse drücken und die warme Milch unterrühren. Kalte Butter untermischen und mit Salz, Pfeffer und Muskat abschmecken. Warmstellen.
Äpfel schälen, entkernen und in dünne Scheiben schneiden, mit 2 EL Zitronensaft beträufeln. In ca. 30 g geklärter Butter dünsten, nach Belieben mit Zucker bestreuen und goldbraun braten.
Die Leber aus der Milch nehmen, in Scheiben schneiden, salzen, pfeffern, mehlieren und in der restlichen heißen Butter braten. Aus der Pfanne nehmen und kurz warmstellen. Den Bratensatz mit Rinderfond und Calvados ablöschen und reduzieren.
Serviervorschlag: Kartoffelpüree auf den Tellern verteilen, die Leberscheiben daraufgeben und die Apfelscheiben rosettenartig anlegen. Mit Sauce beträufeln.

Rezept von Familie Friese

Apfelweinbratwurst mit Lauch-Apfelgemüse, Bratkartoffeln und Konfitüre von grünen Tomaten

Zutaten
480 g Apfelweinbratwurst
30 g Butter, etwas Salz, Pfeffer
250 g Lauchstreifen
250 g Apfelstreifen
750 g Pellkartoffeln
100 g Butterschmalz
80 g Konfitüre von grünen Tomaten

Zubereitung
Lauch- und Apfelstreifen in der Butter dünsten und mit Salz und Pfeffer würzen. Pellkartoffeln in Scheiben schneiden und im heißen Butterschmalz knusprig braten. Die Apfelwein-Bratwurst ebenfalls knusprig braten. Mit Tomatenkonfitüre anrichten.

Rezept von Armin Treusch

Rinderfilet aus dem Wurzelsud auf Apfel-Schnittlauchsauce, karamelisierten Apfelspalten und Bouillonkartoffeln

Zutaten
4 mal 180 g Rinderfiletmedaillons
4 große Karotten
1 Knolle Sellerie
1 Stange Lauch
8 süße Äpfel
ca. 150 g Butter
1 Bund Schnittlauch
ca. 800 g Kartoffeln
0,4 l Sahne
Brühe

Zubereitung
Sellerie und Karotten schälen, den Lauch der Länge nach halbieren und waschen. Sellerie, Karotten und Lauch in feine Streifen schneiden, in wallendem Wasser blanchieren. Kartoffeln schälen und in kleine Würfel schneiden, in Brühe garen. Medaillons würzen, von beiden Seiten anbraten, mit Brühe auffüllen und mit Sellerie, Karotten und Lauch fertig garen. Die 4 Äpfel vierteln, zu Halbmonden tournieren und in Butter und etwas Zucker karamelisieren. Die restlichen 2 Äpfel in Würfel schneiden und anschwitzen. Mit Sahne ablöschen, einkochen lassen bis zur gewünschten Konsistenz; abschmecken mit Salz, Pfeffer und etwas Zucker. Zum Schluß Schnittlauch hinzufügen.

Rezept von Sven Hofmann

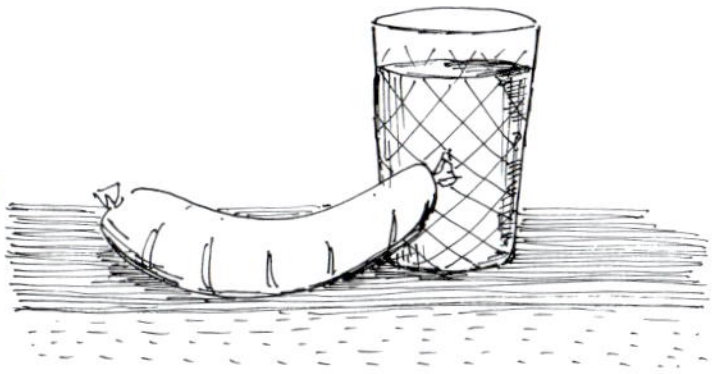

„Beerwedde Eppelwoibrotwoscht“

In dieser Bratwurst ist wirklich Äppelwoi drin! Zehn Prozent der Bratwurstmasse besteht aus zerkleinerten Boskoop-Äpfeln, die Axel Arras in seiner Landmetzgerei in Beerfurth im Odenwald in selbstgekelterten Äppelwoi einlegt. Gewürzt wird die kräftige Wurst mit Pfeffer, Koriander, Zwiebeln, Kümmel, Majoran und einer Spur Knoblauch!

In dem eingesessenen Familienbetrieb schätzt man die Tradition – verbunden mit hoher Qualität. Geschlachtet wird natürlich selbst. Die Schlachttiere kommen von Kleinbauern aus der nächsten Umgebung.

Fleischermeister Axel Arras führt den Betrieb jetzt schon in der 4. Generation.

Cordon-Bleu vom Schwein mit Apfelscheiben und Käse gefüllt, dazu Currysauce

Zutaten

600 g Schweinerücken
4 große Äpfel
200 g Schweizer Käse
1 Eigelb
200 g Paniermehl
20 g Currypulver
1/4 l Sahne
1/4 l Bouillon
Zucker, Salz, Pfeffer
1 kleingeschnittene Zwiebel

Zubereitung Cordon-Bleu

Aus dem Schweinerücken Schmetterlings-Steaks à 150 g schneiden. Salzen und pfeffern. Mit je einer Schicht Äpfel und Käse füllen, den Rand mit Eigelb bepinseln, zusammenklappen und panieren. In heißem Fett braten.

Zubereitung Currysauce

1 Apfel und 1 Zwiebel goldgelb anschwitzen. Currypulver, Sahne und Brühe dazugeben. Einkochen lassen, bis die Sauce cremig ist. Mit Zucker, Salz und Pfeffer abschmecken.

Rezept von Peter Klier

Dulkes

Zutaten

750 g Kartoffeln
1 Ei
1 Stück geräucherte Mettwurst
1 Apfel
1 Zwiebel
Salz, Pfeffer
Öl

Zubereitung

Kartoffeln schälen und reiben. Die Flüssigkeit läßt man auf einem Haarsieb ablaufen. Dann vermischt man die Kartoffelmasse mit dem Ei, Salz und Pfeffer. Die Wurst und den Apfel schneidet man in kleine Stücke, würfelt die Zwiebel und vermengt alles gut mit der Kartoffelmasse.

In einem Bratentopf erhitzt man das Öl, gibt die Masse hinein und brät den „Dulkes“ im Backofen, bis er auf beiden Seiten schön knusprig braun ist. Dazu ißt man Apfelbrei und trinkt heißen Kaffee!

Rezept von Christa Gombel

Rehrücken mit Apfel-Lebkuchenkruste überbacken, Trompetenpilzssauce

Zutaten Rehrücken

1,2 kg Rehrücken mit Knochen oder 600 g Rehrücken ohne Knochen
Fett, Salz, Pfeffer
100 g Apfelbrei – muß nicht ganz fein sein
100 g Lebkuchen
2 EL Bröselbutter

Zubereitung

Den Rehrücken vom Knochen lösen, parieren und würzen. Mit dem Fett in einer heißen Pfanne schnell anbraten und wieder herausnehmen. Den Lebkuchen würfeln und mit dem Apfelbrei vermischen. Diese Masse sollte etwas stehen, damit der Lebkuchen weich werden kann. Diese Masse wird auf den Rehrücken gestrichen und mit der Bröselbutter übergossen. Im Ofen bei 200° ca. 10 bis 15 Min. braten.

Zutaten Trompetenpilzsauce

0,3 l Rehjus
0,1 l Rotwein
20 g Butter
100 g Herbsttrompeten
30 g feine Zwiebelwürfel
Salz
Pfeffer

Zubereitung

Pilze putzen und waschen. Zwiebelwürfel in Butter andünsten, Pilze dazugeben und weich dünsten. Mit Rotwein ablöschen, etwas einkochen. Mit Rehjus auffüllen und gut durchkochen. Mit Salz und Pfeffer abschmecken.

Rezept von Armin Treusch

Rupsel

Zutaten

1 kg Kartoffeln
2 Eier
1 Zwiebel
1 TL Salz
2 Äpfel
Dörrfleischwürfel, Schmand

Zubereitung

Aus geriebenen Kartoffeln, Eiern, der kleingehackten Zwiebel und Salz einen Reibekuchenteig herstellen und in der Pfanne zu kleinen Küchlein ausbacken. Auf Tellern anrichten, pro Person 3 Stück.

Mit drei gebratenen Apfelspalten und gerührtem Schmand sowie dem gebratenem Dörrfleisch belegen.

Rezept von Arno Roth

Lammbratwurst mit Apfelrotkohl

Zutaten Lammbratwurst

800 g mageres Lammfleisch (Hals und Schulter)
200 g Schweinebauch und -kamm
ca. 25 g Kochsalz
etwas Pfeffer
Muskatnuß
Schaf- oder Schweinedärme (beim Metzger bestellen)

Zubereitung

Das Lammfleisch und Schweinefleisch durch den Wolf (3 mm-Scheibe) drehen. Mit dem Kochsalz, etwas Pfeffer und Muskatnuß und mit Eiswasser so lange vermengen, bis eine gute Bindung erreicht ist.
In Schafsaitlinge oder Schweins-Bratwurstdärme füllen.

Zutaten Apfelrotkohl

1 kg Rotkohl
4 Äpfel
2 rohe Kartoffeln
2 EL Rotweinessig
Salz
1 Prise Zucker
Saft und Zesten von unbehandelter Orange
200 g Zwiebeln
100 g Gänseschmalz
350 ml Rotwein
für den Gewürzbeutel
1 Nelke, 2 Pimentkörner
10 weiße Pfefferkörner
4 Wacholderbeeren
1 Lorbeerblatt
1/4 Zimtstange

Zubereitung

Rotkohl schneiden, die Äpfel entkernen und in dünne Spalten schneiden.
Essig, Zucker, Salz, Saft und Zeste der Orange zugeben, untermischen, gut durcharbeiten und stampfen – über Nacht ziehen lassen.
Geschnittene Zwiebeln in heissem Gänseschmalz glasig schwitzen, den Kohl zugeben, mitschwitzen und mit dem Rotwein ablöschen. Den Gewürzbeutel in den Topf hängen und alles bei schwacher Hitze 15 Min. schmoren. Die rohen Kartoffeln hineinreiben und weitere 15 Min. schmoren lassen.
Die Lammbratwurst und den Apfelrotkohl serviert man mit Kartoffelpüree.

Rezept von Heiner Ramp

Geschebbte

Zutaten

400 g Kartoffeln
2 Brötchen
3/8 l Milch
2 Eier
50 g Speck
200 g Äpfel
Butter zum Bestreichen

Zubereitung

Brötchen mit Milch einweichen. Kartoffeln reiben, mit Ei vermengen. Gewürfelter, angebratener Speck und Apfelwürfel hinzugeben.
20 Minuten bei 200° backen.
Dazu Kaffee und frische Landbutter.
Rezept von Arno Roth

Gefüllte Äpfel

Zutaten
6 große Äpfel
400 g nicht zu mageres Schweinefleisch
40 g gekochte, geriebene Kartoffeln
1 TL Salz
2 feingeschnittene Zwiebeln
50 g Butter zum Braten

Zubereitung
Von der Blütenseite der Äpfel einen Deckel abschneiden. Mit dem Ausstecher das Kerngehäuse rausholen und mit dem Kartoffellöffel weiter vorsichtig etwas aushöhlen.
Das Schweinefleisch durch den Fleischwolf drehen und mit den anderen Zutaten gut vermengen. Die Äpfel damit füllen und zum Braten in eine mit Butter bestrichene Pfanne oder Auflaufform setzen.
Im heißen Backofen, unter öfterem Begießen mit der zerlassenen Butter, gar braten.
Die Äpfel schmecken gut zu Sauerkraut, Rotkraut oder anderen Gemüsen.

Vegetarier verwenden an Stelle von Fleisch Pilze oder eine Füllung aus Grünkern.

Rezept Otto H. Sattler

Himmel un' Erd-Kuchen

Zutaten
600 g Kartoffeln, geschält
2 Eigelb
40 g Kartoffelstärke
Salz, Muskat
20 g Butter
400 g frische, geräucherte Blutwurst
120 g feine Apfelwürfel
10 g Butter
200 g Apfelbrei
30 g Butter
20 g Semmelbrösel

Zubereitung
Die Kartoffeln in Wasser kochen, abschütten und gut abdämpfen lassen. Durch die Presse drücken und mit Eigelb, Stärke, Butter, Salz und Muskat vermischen. Die Kartoffelmasse in eine Springform drücken, so daß der Rand etwas hoch steht. Die Blutwurst fein hacken oder durch die grobe Scheibe des Wolfes lassen, auf der Kartoffelmasse verteilen und etwas andrücken. Die Apfelwürfel in einer Pfanne mit etwas Butter kurz andünsten, zum Apfelbrei geben und auf der Blutwurst verteilen. Die Semmelbrösel in der Butter anrösten und über den Apfelbrei verstreichen. Bei 180° im Ofen ca. 30 Minuten backen.

Rezept von Armin Treusch

Rehmedaillon mit frischen Steinpilzen, Preiselbeerjus, glacierten Apfelspalten, Wirsingköpfchen und handgeschabten Spätzle

Zutaten

640 g Rehrücken ohne Haut und Knochen
100 g Parüren vom Reh (Häute, Abfälle)
10 g Zwiebeln
10 g Sellerie, 10 g Karotten
1 EL Tomatenmark
1/2 l Rotwein
1 EL Preiselbeeren
Wacholderbeeren, Pfefferkörner
1/2 l Brühe
20 g Butter
400 g Steinpilze
20 g Sahne, 20 g Butter
1 TL gehackte Petersilie
1 Kopf Wirsing
20 g Butter
60 g Sahne
1 EL feingewürfelter Speck
500 g Mehl
8 Eier
Salz nach Geschmack
2 Stück Äpfel
2 EL Zucker
etwas Apfelsaft

Zubereitung

Das Rehfleisch in 4 gleichmäßige Stücke schneiden und platieren. Die Sauce wird mit den Parüren angesetzt, indem man sie in Öl nußfarben anbrät, dann das Gemüse dazugibt und ebenfalls nußfarben röstet. Das Tomatenmark hinzugeben und mit dem Rotwein nach und nach ablöschen. Dann die Gewürze beifügen, mit der Brühe aufgießen und etwa 1,5 – 2 Std. köcheln lassen. Die Sauce durch ein Tuch passieren und vor dem Anrichten mit der Butter binden. Den Wirsing zerteilen und 12 kleine Blätter zum Einschlagen blanchieren und zurückhalten, den Rest in feine Streifen schneiden und in der Butter mit dem Speck farblos anschwitzen, mit der Sahne ablöschen und cremig kochen lassen. Den angeschwitzten Wirsing auf die Blätter verteilen und in einem Tuch zu Köpfchen drehen.
Für den Spätzleteig die Eier gut salzen, dann das Mehl unterschlagen. Den Teig mit einem Schaber in kochendes Wasser schaben. Wichtig beim Spätzlemachen ist, daß der Teig und das Wasser gut gesalzen sind, da sie nach dem Kochen in kaltem Wasser abgeschreckt werden. Vor dem Anrichten die Spätzle in Butter nachschwenken.
Die Steinpilze werden geschnitten und in der Pfanne mit der Butter braun angeschwitzt. Dann mit der Sahne ablöschen und zum Schluß die Petersilie hinzugeben.
Die Äpfel schälen und in Spalten schneiden, entkernen und in Form bringen. Den Zucker zu Caramel werden lassen und mit dem Apfelsaft ablöschen. Wenn der Zucker verkocht ist, die Apfelspalten hineingeben und nur aufkochen lassen.

Rezept von Familie Stöckle

„Renftcher“ Schweinelende in Apfel-Zwiebelkruste gebraten mit Dörrobstsauce

Zutaten

800 g Schweinelende
2 Äpfel
Senf
1 Zwiebel
150 g Dörrobst
etwas Mehl, Bratenfett
Salz, Pfeffer

Zubereitung

Die Schweinelende in Scheiben schneiden, würzen, mit Senf bestreichen und auf einer Seite mit Apfel-Zwiebel-Würfeln belegen. Mit Mehl bestreuen und in der Pfanne vorsichtig goldgelb braten (die belegte Seite zuerst). Dörrobst würfeln und mit wenig Wasser weich kochen. Mit Mehlbutter leicht binden. Dazu passen Speckwirsing und gebratene Stampfkartoffeln.

Rezept von Arno Roth

Flugentenbrust mit gefüllten Bratäpfeln

Zutaten

4 Flugentenbrüste à 300 g
6 Äpfel
1 Orange
1 Zwiebel
100 g Preiselbeeren
Majoran, Beifuß
Salz, Pfeffer
Mondamin

Zubereitung Flugentenbrust

Flugentenbrüste im Bräter von beiden Seiten braten, so daß sie innen noch rosa sind. Herausnehmen. 2 der Äpfel schälen, vierteln, das Kerngehäuse herausschneiden und in feine Scheiben schneiden. Orange schälen, filieren und die Schnitze in kleine Stückchen zerlegen. Die Zwiebel hacken. Alles anbraten, mit Majoran, Beifuß, Salz und Pfeffer abschmecken. Flugentenbrüste wieder dazugeben. Die Sauce durch ein Sieb passieren und mit Mondamin abbinden.

Zubereitung Bratäpfel

Die übrigen Äpfel schälen und halbieren, mit Preiselbeeren füllen und 10 Minuten im Backofen braten.

Rezept von Peter Klier

Apfel-Keulchen in Rahmsauce mit Steinpilzen

Zutaten

4 Hähnchenschenkel
1 Becher süße Sahne
Apfelwein
Pfeffer und Salz
1 Zwiebel
200 g frische Steinpilze
50 g gekochter Schinken
1 mittelgroßer Apfel
1 Ei
1 EL Mehl
Petersilie, Estragon, Zitronenmelisse
etwas Honig

Zubereitung

Hähnchenschenkel säubern, waschen und trocken tupfen.
Für die Füllung Zwiebel schälen und würfeln, 50 g Steinpilze putzen, waschen und in dünne Scheiben schneiden. Den Schinken fein würfeln, den Apfel schälen und grob raspeln. Alles mit Ei, Mehl, Salz, Pfeffer, Kräutern und Honig vermischen.
Die Füllung unter die Haut der Hähnchenschenkel stopfen und die Haut abbinden oder vernähen. Schenkel mit Salz und Pfeffer würzen.
Die gefüllten Hähnchenschenkel in eine feuerfeste Form legen, die restlichen 150 g fein geschnittenen Steinpilze dazugeben und mit flüssiger Sahne übergießen.
Im Backofen bei 200° 40 Min. garen. Fleisch warmstellen und den Fond mit Apfelwein abschmecken, evtl. etwas andicken.

Rezept von Renate Osburg

Entenbrust mit Apfelallerlei

Zutaten

4 Entenbrüste à ca. 160-180 g
1/2 l Geflügelfond (braun)
1/2 l Apfelsaft
1/2 l Cidre le Bol (milder Apfelwein)
60 g kalte Butterflocken
8 fingerdicke Apfelscheiben
24 Apfelperlen

Zubereitung

Geflügelfond mit der Hälfte des Apfelsaftes und dem Cidre zur Kraftsauce einkochen. Die Entenbrüste mit Salz und Pfeffer würzen, auf der Fleischseite anbraten. Auf die Hautseite wenden, ca. 3 Min. kross braten, und warmstellen (Rechaud).
Apfelperlen in Apfelsaft garen. Die Apfelscheiben anbraten.
Die kalte Butter in die Sauce einschwenken und binden. Fein abschmecken mit Salz und Pfeffer, evtl. Zucker und einem Schuß Calvados.

Rezept von Joachim Sauter

Bardiertes Perlhuhnbrüstchen mit Apfel-Graupenmousse gefüllt, auf Sauerampfersauce mit Wirsinggemüse und Grießrauten

Zutaten

4 Perlhuhnbrüstchen
8 Scheiben Dörrfleisch
ca. 400 g Schweinenetz
3 Äpfel
1/2 Tasse Perlgraupen
1 Kopf Wirsing
150 g Sauerampfer
0,4 l Sahne
0,1 l Weißwein (Riesling)
0,5 l Milch
150 g Grieß
30 g Butter
1 Eigelb

Zubereitung

2 Äpfel vierteln, Kerngehäuse entfernen und in kleine Stücke schneiden, mit den Perlgraupen verkochen.

Die Perlhuhnbrust auf die Hautseite legen und eine Tasche schneiden, mit dem Graupen-Apfelmus füllen. Die Perlhuhnbrust mit 2 Scheiben Speck umwickeln und in das Schweinenetz einschlagen. Vom Sauerampfer die Stiele entfernen, Blätter waschen und in Streifen schneiden; in sprudelndem Salzwasser blanchieren, in Eiswasser abschrecken. Anschließend mit etwas Wein fein pürieren.

Sahne mit dem restlichen Wein bis zur gewünschten Konsistenz verkochen, mit Salz, Pfeffer und etwas Zucker abschmecken und ganz zum Schluß das Sauerampferpüree hinzufügen.

Die Wirsingblätter in Streifen schneiden und in etwas Butter anschwitzen, geriebenen Apfel hinzufügen.

Mit Zucker glasieren und abschmecken.

Milch mit Butter, Muskat, Salz und Pfeffer aufkochen, von der Kochstelle nehmen, Grieß und Eigelbe dazugeben, kräftig verrühren. In kleine Form streichen, erkalten lassen und in Rauten schneiden. Die Rauten in etwas Fett unter Wenden goldgelb braten.

Rezept von Sven Hofmann

Entenbrust mit karamelisierten Äpfeln

Zutaten

4 Entenbrüste
Fett, Salz, Pfeffer
200 g Apfelwürfel, 2x2 cm
200 g Eßkastanien, geschält
20 g Butter
80 g Zucker

0,5 l Geflügeljus
Himbeeressig
30 g Zucker
20 g Butter

Zubereitung

Die Entenbrüste auf der Fettseite etwas über Kreuz einritzen. Mit Salz und Pfeffer würzen und in heißem Fett von beiden Seiten anbraten. Im vorgeheizten Ofen bei 200° in 10 Min. fertig garen. Den Zucker in Butter karamelisieren lassen. Hat der Zucker die nötige Bräune erreicht, den Topf in eine Schüssel mit kaltem Wasser zum Abkühlen kurz eintauchen. Dann etwas Wasser angießen. Das muß vorsichtig geschehen, denn bei zuviel Wasser bilden sich durch den Temperaturunterschied Klümpchen. Jetzt die Eßkastanien zugeben und weich kochen. Ganz zum Schluß die Apfelwürfel zugeben und noch einmal aufkochen.

Wie oben geschildert, den Zucker in der Butter karamelisieren lassen. Mit dem Himbeeressig ablöschen, die Geflügeljus angießen und gut durchkochen lassen. Eventuell mit in Wasser angerührter Stärke noch etwas abbinden. Als Karamel kann man auch Reste des Apfel-Kastanien-Karamel nehmen.

Rezept von Armin Treusch

Apfelreibekuchen mit Speck

Zutaten für 2 Personen

400 g mehligkochende Kartoffeln
250 g säuerliche Äpfel
etwas Salz, Pfeffer aus der Mühle
frisch geriebener Muskat
50 g durchwachsener Speck in feinen Scheiben
2 EL Öl

Zubereitung

Kartoffeln schälen und auf einer Gemüsereibe grob raspeln. Äpfel ebenfalls schälen, vierteln, Kerngehäuse entfernen, wie die Kartoffeln reiben. Alles vermischen, auf ein sauberes Küchentuch geben, aufrollen und verdrehen, damit fast alle Flüssigkeit herausgepreßt wird. Dann alles mit den Gewürzen kräftig abschmecken.

Die Speckscheiben in ca. 3 cm lange Stücke schneiden. In einer Pfanne Öl erhitzen, den Speck glasig ausbraten und die Kartoffel-Apfelraspel daraufgeben. Knusprig auf beiden Seiten braten. Dazu schmeckt ein Salatteller sehr gut.

Rezept von
Gertrud und Hans Stöckl

Apfelquiche

Zutaten Teig
200 g Mehl
100 g Margarine
1 Ei
Salz

Zutaten Belag
4 Äpfel
4 Zwiebeln
100 g Schinkenspeck, gewürfelt
40 g Butter
3 Eier
1 Eigelb
1/8 l Apfelwein
250 g Crème fraiche
Zitronensaft
1/2 Bund glatte Petersilie
Salz
Pfeffer

Zubereitung
Zutaten für den Teig verkneten, in Klarsichtfolie wickeln und

eine Stunde in den Kühlschrank stellen. Die Äpfel schälen, Kerngehäuse entfernen und in Spalten schneiden. Mit Zitronensaft beträufeln, damit sie schön hell bleiben. Zwiebeln schälen und in Ringe schneiden.
Butter erhitzen, den Schinkenspeck und die Zwiebeln darin goldgelb rösten. Mit dem Apfelwein ablöschen und einmal aufkochen. Salzen und pfeffern, dann auskühlen lassen. Crème fraiche mit Eiern und dem Eigelb verrühren. Den Teig nochmals durchkneten und ausrollen. Eine gefettete Springform damit auslegen. Den Rand etwas hochziehen. Teigboden mit einer Gabel mehrmals einstechen. Apfelstücke sternförmig auf dem Teig verteilen. Zwiebeln, Speckwürfel und Petersilie dazugeben und mit der Eiercrème übergießen.
Backzeit 45 Min. bei 200°, bis die Oberfläche leicht gebräunt ist. Warm servieren.
Dazu schmeckt Apfelwein.

Rezept von Christa Gombel

Hausgericht von Rinderrücken

Zutaten
8 Scheiben Rindersattel, jeweils 2-3 cm dick und ca. 90 g schwer
80 g geriebener Meerrettich
2 Eier
100 g Butter
Salz und Pfeffer
2 mittelgroße Äpfel
50 g Zwiebeln
1/4 l Fleischbrühe
1/8 l Schmand
100 g kalte Butter

Zubereitung
Rindersattelscheiben leicht klopfen, würzen, mit Meerrettich bestreichen, in Mehl und Ei wenden, in Butter goldgelb braten. Zwiebel in Butter mit den gewürfelten Äpfeln zusammen leicht dünsten.
Mit der Fleischbrühe aufgiessen und kochen lassen.
Schmand hinzugeben und mit kalter Butter andicken.
Dazu: Kohlräbchen und Speckkartoffeln.

Rezept von Arno Roth

Kalbsrücken mit Apfel und Kalbsbries gefüllt, auf Apfelbrandsauce mit Kartoffel-Apfel-Rösti

Zutaten
4 Kalbsrückensteaks
150 g Kalbsbries, gekocht
150 g Apfelwürfel
20 g Butter
50 g Pflanzenfett
Salz, Pfeffer, Mehl
0,2 l Demi glace
(braune Grundsauce)
5 cl Sahne
2 cl Apfelbrand
400 g Kartoffeln
300 g Äpfel
Salz
Butterschmalz

Zubereitung
Die Apfelwürfel in der Butter andünsten. In der Zwischenzeit das Kalbsbries in kleinere Stücke zerteilen und dazugeben. In die Kalbsrückensteaks eine Tasche schneiden und mit der Apfel-Kalbsbries-Mischung füllen. Mit einer Nadel zustecken, würzen, in Mehl wenden und in einer Pfanne in heissem Pflanzenfett braten. Die Demi glace mit der Sahne aufkochen, den Apfelbrand zugeben und abschmecken. Kartoffeln und Äpfel schälen, grob raspeln. Mit Salz würzen. Die Masse etwas ausdrücken und kleine Taler formen, die in heißem Butterschmalz gebraten werden.

Rezept von Armin Treusch

Himmel und Erde mit gebratener Blutwurst

Zutaten
8 große Kartoffeln
8 große Äpfel
2 dicke Zwiebeln
20 g gehackte Petersilie
Butter
ca. 600 g Blutwurst
(10 – 12 cm Durchmesser)

Zubereitung
Salzkartoffeln kochen. Äpfel in Stücke schneiden, weich kochen. Kartoffeln abgießen, Äpfel und ein Stück Butter dazugeben, gut durchpassieren und mit Salz abschmecken.
Zerkleinerte, im Fett gedünstete Zwiebeln darübergeben. Dazu die auf beiden Seiten angebratene Blutwurst reichen.

Rezept von Stefan Gütlich

Schweinefilet in Calvados, Apfelsahnesauce und Risotto

Zutaten
600 g Schweinefilet
1 Zwiebel
1 l Sahne
3 Äpfel
250 g gekochter Schinken
500 g Reis (z.B. Vialone)
Margarine
etwas Bouillon
Salz
Pfeffer
Zucker
4 cl Calvados

Zubereitung
Schweinefilet mit Salz und Pfeffer würzen, rosa braten. Gekochter Schinken, Zwiebel und Äpfel in kleine Würfel schneiden, goldgelb anbraten und mit Sahne aufgießen. Mit Salz, Pfeffer und Calvados abschmecken. Reis mit Margarine und Zwiebel anschwitzen, mit etwas Bouillon aufgießen. Gar kochen, mit Salz würzen.
Rezept von Peter Klier

Speckäpfel im Rotkrautbett

Zutaten
1 Kopf Rotkraut, mittelgroß
3 EL Gänseschmalz
1/8 l Rotwein
1 Prise Salz
1 Prise Zucker
Pfeffer
Gewürznelken, gemahlen
4 TL Wildpreiselbeeren
2 EL Essig
4 Äpfel
175 g durchwachsener Speck
1 Zwiebel
175 g gekochter Schinken

Zubereitung
Rotkraut putzen, fein raspeln, waschen und abtropfen lassen. Schmalz in einem breiten Topf zerlassen, das Rotkraut zugeben und andünsten. Wein, Preiselbeeren und Essig zugeben, würzen und bei schwacher Hitze 30 Minuten dünsten.
In der Zwischenzeit die Äpfel waschen und das Kerngehäuse ausstechen. Speck in Würfel schneiden und ausbraten. Mit einem Schaumlöffel aus der Pfanne nehmen und im Bratfett die kleingehackte Zwiebel goldgelb dünsten.

Schinken würfeln, mit dem Speck und der Zwiebel mischen. Die Äpfel damit füllen und diese auf das Rotkraut setzen.
Im vorgeheizten Backofen bei 200° 30 Min. garen.
Schmeckt zu Gänsebraten oder Wildgerichten.

Rezept von Christa Gombel

Altdeutscher Apfeleintopf

Zutaten
500 g magere Schweineschulter
200 g frischer Schweinebauch ohne Schwarte
125 g magerer Räucherspeck
1 EL Butter
1 Zwiebel
Salz, weißer Pfeffer
getrockneter Majoran
2 Lorbeerblätter
1/8 l Apfelwein
5 Kartoffeln
5 säuerliche Äpfel

Zubereitung
Das Schweinefleisch gulaschgroß schneiden. Schweinebauch und Speck in kurze Scheiben schneiden und in Butter anbraten. Übriges Fleisch mit durchbraten, gehackte Zwiebeln mitbraten.
Salzen und pfeffern, gut umrühren. Majoran und Lorbeerblätter zufügen. Wein angießen und soviel Wasser, daß das Fleisch bedeckt ist.
Im Backofen bei 200° (Gas: Stufe 4) ca. 90 Minuten garen.
Öfters wenden und etwas Wasser nachgießen. Gewürfelte Kartoffeln unterheben, 10 Minuten garen. Geachtelte Äpfel untermischen und 15 Min. garen. Nachwürzen und zu kräftigem Bauernbrot reichen.

Rezept von den Landecker Landfrauen

Kartoffelrädchen

Zutaten Rädchen
500 g gekochte Kartoffeln
Mehl nach Bedarf
2 Eier
Muskat, Salz

Zutaten Füllung
200 g Blutwurst, geschält
3 große gewürfelte Äpfel
1 Ei

750 g Sauerkraut
Schmand
gewürfeltes Dörrfleisch

Zubereitung
Gekochte Kartoffeln heiß durch die Presse drücken, auskühlen lassen. Rest der obigen Zutaten unterheben. Kartoffelteig ausrollen und 2 runde Teigplatten ausstechen.
Kartoffelteig mit Äpfeln und Blutwurst belegen, den Rand mit Eigelb bestreichen.
2. Kartoffelteigplatte auflegen und am Rand aufdrücken.
In heißem Salzwasser gar ziehen lassen.
Dazu gekochtes Sauerkraut, mit Schmand und gebratenem Dörrfleisch verfeinert.

Rezept von Arno Roth

Kartoffelpfannkuchen mit Speckwirsing gefüllt, auf Einbrennsauce mit Apfel und Blutwurst

Zutaten Pfannkuchen
1500 g Kartoffeln, geschält
1 Tasse Haferflocken
3 Eier
1 feingehackte Zwiebel
1 Tasse Milch
Muskat, Salz

Zubereitung
Geriebene Kartoffeln mit allen übrigen Zutaten mischen und in heißem Fett kleine Pfannkuchen ausbacken.

Zutaten Wirsinggemüse
1/2 Kopf Wirsing
Salz
etwas Brühe
Mehl
Butter
etwas Sahne

Zubereitung
Wirsing in feine Streifen schneiden und in Salzwasser bißfest kochen. Mit etwas Brühe, Mehlbutter und Sahne eine helle Sauce herstellen und den Wirsing unterrühren.

Zutaten Einbrennsauce
150 g Dörrfleisch
Mehl
Butter
etwas Milch
400 g Blutwurst
3 Äpfel

Zubereitung
Dörrfleisch, gewürfelt, anbraten, mit Mehl bestäuben, mit etwas Milch angießen und zusammen mit frischer, gewürfelter Blutwurst und Apfelwürfeln eine leichte Sauce herstellen.

Sauce auf Teller anrichten. Schichtweise abwechselnd Pfannkuchen und Wirsinggemüse aufsetzen.

Rezept von Arno Roth

Seeteufel und Scampi in Apfel-Champagnersauce mit Minze

Zutaten
600 g Seeteufel-Filet
ca. 16 Scampi
Zwiebel und Gemüsejulienne
0,3 l Apfelchampagner
0,3 l Sahne
1 Bund frische Minze

Zubereitung
Seeteufel und Scampi küchenfertig herrichten. Zwiebelwürfelchen und Gemüsejulienne in heißer Butter in der Pfanne anschwitzen. Den Seeteufel zugeben und anschwenken, dann die Scampi zugeben und mit Pfeffer und Salz gut würzen. Mit Apfelchampagner auffüllen und kurz aufkochen lassen.
Den Fisch und die Scampi aus dem Fond nehmen und warmhalten. Den Fond kräftig reduzieren und mit Sahne auffüllen. Bei kleiner Hitze unter ständigem Rühren sämig werden lassen.
Nun den Fisch in einen Topf geben, die Sauce darüber passieren und kurz aufkochen lassen. Die gehackte Minze vorsichtig unterheben.

Dazu reicht man Risotto oder Nudeln.

Rezept von Heiner Ramp

Lachs in Apfelwein gedünstet

Zutaten
650 g Lachsfilet
20 g Butter
1 Schalotte
0,2 l Apfelwein
Salz, Pfeffer
1 Apfel
150 g Crème fraiche

Zubereitung
Die Schalotte fein würfeln und in der Butter in einem flachen Topf andünsten. Mit dem Apfelwein auffüllen und den portionierten Lachs einlegen. Mit Salz und Pfeffer würzen. Dann aufkochen lassen, zudecken und auf kleinster Hitze garziehen lassen. Den Lachs herausnehmen und warmstellen. Zum Apfelweinfond die Crème fraiche geben und unter starkem Kochen in eine sämige Sauce verwandeln. In der Zwischenzeit den Apfel schälen und in ganz feine Würfel schneiden. Diese kurz in der Sauce mitkochen lassen, würzen und anrichten.
Rezept von Armin Treusch

Zanderfilet auf Weißkraut mit Speierlingsauce

Zutaten Zanderfilet
4 Zanderfilets à ca. 150 g mit Haut
30 g Butterschmalz
200 g Fischfond
0,2 l Speierling-Apfelwein
0,3 l Sahne
50 g Butter
2 EL Mehl
Salz, Pfeffer aus der Mühle

Zubereitung
Den Fischfond mit dem Speierling auf 0,1 l einkochen, Sahne zugeben und zur Sauce reduzieren, Butter einschwenken. Abschmecken; zuviel Apfelsäure kann mit etwas Zucker neutralisiert werden. Die Zanderfilets in Mehl wenden, in Butterschmalz kross braten.

Zutaten Weißkraut
200 g Weißkraut, in feine Streifen geschnitten
0,1 l Kraftbrühe
etwas Weißwein
Butterschmalz
1 Gewürzbeutelchen
(Nelken, Pfefferkörner, Wacholder, Lorbeer, Kümmel)
Salz und Zucker

Zubereitung
Das Weißkraut in Butterschmalz glasig anschwitzen, mit Weißwein und Brühe ablöschen, Gewürzbeutelchen zugeben und ca. 20-25 Min. bei geschlossenem Topf köcheln lassen. Mit Salz und Zucker abschmecken.

Rezept von Joachim Sauter

Gebratene Forellenfilets auf Apfelrahmsauerkraut

Zutaten
8 Filets von der Taunusforelle
800 g frisches Sauerkraut
200 ml Sahne
2 Äpfel
1 kleine Zwiebel
Butter
Zitrone, Salz, Pfeffer
Worcestershiresauce

Zubereitung
Forellenfilets mit Salz, Pfeffer, Zitrone und der Worcestershiresauce marinieren, mehlieren und braten. Für das Rahmsauerkraut die kleingehackte Zwiebel in Butter anschwitzen. Sauerkraut und die in Scheiben geschnittenen Äpfel mit Lorbeerblatt, Nelken, Wacholderbeeren in den Topf geben und nicht zu weich kochen.
Sahne hinzufügen, leicht mit dem Mehl binden, mit Salz und Pfeffer abschmecken. Als Beilage empfehlen wir Kartoffelpuffer.

Rezept von Horst Weihrich

Scheiben vom Zanderfilet mit Tomatenwürfeln und Wurzelgemüse in Apfelweinsülze

Zutaten

750 g Zanderfilet
3 Tomaten
30 g Aspikpulver
200 g in Streifen geschnittenes Wurzelgemüse
1,5 l Apfelwein
1 Zitrone
Melisse, Lorbeerblatt

Zubereitung

Gemüsestreifen blanchieren, abschütten (Fond aufheben) und Gemüse auskühlen lassen. Zanderfilets in gleichmäßige Tranchen schneiden, mit Salz und Zitrone marinieren. Den Gemüsefond und 1/2 l Apfelwein mit Melisse, Lorbeerblatt und Salz zum Kochen bringen, die Zandertranchen kurz darin garen und auf Küchenkrepp trocknen lassen. Die Tomaten abziehen, vierteln, Kerne entfernen und Fruchtfleisch in Würfel schneiden. Den restlichen Apfelwein aufkochen, mit Salz, Pfeffer und etwas Zucker abschmecken; das Aspikpulver hinzugeben, abkühlen lassen.

Die Teller mit etwas Apfelweinsülze ausfüllen, mit je 5 Zandertranchen belegen, mit den Tomatenwürfeln und Gemüsestreifen garnieren und mit der Apfelweinsülze nappieren. Kleines Salatbukett mit etwas Dressing servieren, dazu frisches Bauernbrot und Butter.

Rezept von Stefan Gütlich

Heringsfilets nach Hausfrauen Art

Zutaten

8 milde Heringsfilets
150 g Joghurt natur
150 g saure Sahne
2 EL Mayonnaise
1 TL mittelscharfer Senf
1 Prise Zucker
1 mittelgroßer, säuerlicher Apfel
1 mittelgroße Zwiebel
1 Gewürzgurke, Größe nach Belieben

Zubereitung

Die Heringsfilets wässern und abtropfen lassen. Den Joghurt mit der sauren Sahne und der Mayonnaise verrühren.

Den Apfel und die Gewürzgurke in feine Stücke, die Zwiebel in dünne Ringe schneiden. Alles in die Sauce geben, vermischen und mit Senf und Zucker abschmecken. Zum Schluß kommen die Heringe dazu. Diese mit der Sauce bedecken und mindestens eine Stunde im Kühlschrank ziehen lassen. Serviervorschlag: Die Heringsfilets auf einem Teller anrichten und mit Dill und einer halbierten Cocktailtomate dekorieren. Dazu kann man Roggenbrot oder Pellkartoffeln servieren.

Rezept von Anna-Maria Schollmayer

Lachs-Tranche auf Calvadossahne, mit Apfelragout gratiniert, an Sauerkraut-Röstlingen

Zutaten

4 mal 180 g Lachstranchen
2 süß-säuerliche Äpfel
3 Eigelb, 3 Eiweiß
ca. 150 cl Weißwein
250 g zerlassene Butter
0,3 l Sahne
0,1 l Apfelsaft
Calvados
ca. 120 g Sauerkraut pro Person

Zubereitung

Sauerkraut abtropfen lassen, würzen und mit dem steifgeschlagenen Eiweiß vermengen. In einer heißen Pfanne kleine Röstlinge formen und von beiden Seiten braten. Apfelsaft bis auf die Hälfte reduzieren lassen, Sahne hinzufügen und bis auf die gewünschte Konsistenz verkochen, würzen mit Salz, Pfeffer und Zucker. Zum Schluß mit Calvados parfümieren. Eigelb mit Weißwein in einem Wasserbad schlagen, bis die Masse zu stocken anfängt, dann die zerlassene Butter unterrühren.
Die Äpfel halbieren, Kerngehäuse entfernen und in kleine Würfel schneiden. Die Apfelwürfel unter die Eigelbbuttersauce rühren und abschmecken (Sauce Hollandaise). Lachstranchen unter Wenden auf beiden Seiten goldgelb braten, mit Sauce Hollandaise nappieren, bei Oberhitze im Ofen gratinieren.
Rezept von Sven Hofmann

Forelle nach Mönchsart

Zutaten

4 Forellen
4 Äpfel
ca. 20 Scheiben Rauchfleisch (geräucherter Schweinebauch)
Rosmarin
Piment, Salz, Pfeffer, Zucker
Butter
Apfelwein oder Cidre

Zubereitung

Ausgenommene Forellen waschen und von innen mit Salz und etwas Pfeffer würzen. Äpfel ebenfalls waschen, halbieren, Kerngehäuse herausschneiden und ungeschält in große Würfel schneiden. Apfelwürfel würzen mit 2 zerdrückten Pimentkörnern, Rosmarin und etwas Zukker. Forellen füllen und anschließend mit dem Speck umwickeln und in eine ausgebutterte, feuerfeste Form setzen.
Bei 150° ca. 25-35 Minuten, je nach Größe, garen. Ab und zu mit dem Apfelwein oder dem Cidre übergießen. Etwas Butter zerlassen und die übriggebliebenen Äpfel darin dünsten. Anrichten und Salzkartoffeln und Kopfsalat dazu reichen.
Rezept Stefan Gütlich

Zanderfilet mit Apfelweinkraut im Blätterteig auf Apfelzimtschaum

Zutaten

4 mal 180 g Zanderfilet
70 g Sauerkraut pro Person
4 Äpfel
ca. 800 g Blätterteig
0,1 l Apfelwein
0,1 l Apfelsaft
3 Eigelb
Salz, Pfeffer
Zitronensaft
0,2 l Sahne
etwas Zimt

Zubereitung

Sauerkraut mit Apfelwein verkochen, kalt stellen. Äpfel halbieren, Kerngehäuse entfernen, würfeln und unter das Sauerkraut mengen. Blätterteig ausrollen, in 4 gleich große Stücke schneiden. Auf dem ausgerollten Blätterteig das Sauerkraut verteilen und den gesalzenen und mit Pfeffer und Zitronensaft gewürzten Zander damit einschlagen, mit Eigelb bepinseln. Bei ca. 180° Ofentemperatur ca. 15-20 Min. backen.
Die Hälfte des Apfelsafts mit der Sahne verkochen, die andere Hälfte mit 2 Eigelb und etwas Zimt verkleppern. Die Sahne etwas reduzieren lassen, vom Feuer ziehen und die Eigelb-Apfelsaftmischung vorsichtig unterrühren. Mit Schneebesen bei geringer Hitze schaumig schlagen, würzen mit Salz, Pfeffer, Zucker und evtl. etwas Zimt.

Rezept von Sven Hofmann

Schmandhering aus em Dippe

Zutaten

8 Heringsfilets
1/2 l Schmand
etwas hausgemachte Mayonnaise
2 Äpfel
1 Zwiebel, 3 Salzgurken
300 g rote Beete, gekocht
400 g gekochtes Rindfleisch
frischer Dill

Zubereitung

Alle Zutaten in Würfel schneiden, mit Schmand und Mayonnaise vermischen, ziehen lassen und mit gehacktem Dill bestreuen. Dazu passen Pellkartoffeln.

Rezept von Arno Roth

Zander mit Apfel-Meerrettichkruste auf Sahnewirsing

Zutaten
650 g Zanderfilet
1 Schalotte
20 g Butter
0,1 l Fischfond oder Weißwein
Salz, Pfeffer
2 Äpfel
60 g Meerrettichwurzel
Bröselbutter
400 g Wirsingstreifen
1 kleine Zwiebel
30 g Butter
0,15 l Sahne
Salz, Pfeffer, Muskat

Zubereitung

Eine flache Auflaufform ausbuttern und mit der feingewürfelten Schalotte ausstreuen. Das Zanderfilet portionieren und in die Form setzen. Mit Salz und Pfeffer würzen. Äpfel und Meerrettich schälen. Die Äpfel grob, den Meerrettich fein raspeln, vermischen und auf den Zanderfilets verteilen. Etwas andrücken und mit Bröselbutter begießen. Die Zanderfilets mit dem Fischfond angießen und in den vorgeheizten Ofen bei 200° schieben. Nach ca. 15 Minuten ist der Zander fertig.

Die Wirsingstreifen blanchieren. Die Zwiebel fein würfeln und in der Butter anschwitzen. Die Wirsingstreifen zugeben und mit der Sahne aufkochen.

Die Sahne muß nun soweit einkochen, bis die Sauce etwas dicker geworden ist. Dann mit Salz, Pfeffer und Muskat abschmecken.

Rezept von Armin Treusch

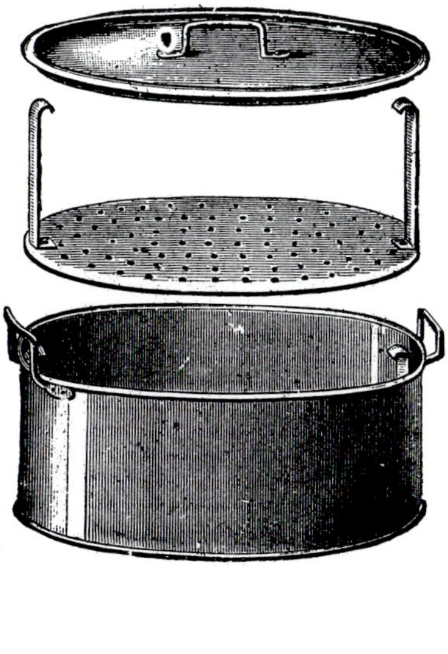

Gäale Schnirre

Zutaten

185 g Mehl
2 Eier
1/8 l Milch, 1/8 l Mineralwasser
wenig Öl
Salz, Zucker nach Geschmack
250 g Kastenweißbrot
200 g Äpfel
150 g Baumnüsse
125 g Rosinen
80 g Butter
Pflaumenmus, Zimt, Zucker

Zubereitung

Alle Teigzutaten mischen und blasig schlagen. Brot, Äpfel, Nüsse, Rosinen hinzugeben und 1 Stunde ziehen lassen. Butter in der Pfanne erhitzen, von der Teigmasse kleine Schnitten ausformen und goldgelb braten, mit Zimt und Zucker bestreuen. Auf Vanillesauce (1/4 l gekochter Vanillepudding mit einem Becher Schmand verrühren) setzen, mit Pflaumenmus garnieren.

Rezept von Arno Roth

Der Bratapfel

von Fritz und Emilie Kögel

Kinder, kommt und ratet,
was im Ofen bratet!
Hört, wie's knallt und zischt!
Bald wird er aufgetischt,
der Zipfel, der Zapfel,
der Kipfel, der Kapfel,
der gelbrote Apfel.

Kinder, lauft schneller;
holt einen Teller,
holt eine Gabel!
Sperrt auf den Schnabel
für den Zipfel, den Zapfel,
den Kipfel, den Kapfel,
den goldbraunen Apfel.

Sie pusten und prusten,
sie gucken und schlucken,
sie schnalzen und schmecken,
sie lecken und schlecken
den Zipfel, den Zapfel,
den Kipfel, den Kapfel,
den knusprigen Apfel.

Crème vom Apfelwalzer auf marinierten Äpfeln, mit gerösteten Sonnenblumenkernen

Zutaten

1/4 l Apfelwalzer
(Apfelschaumwein) extra trocken
75 g Zucker
3 Eigelb
3 Blatt Gelatine
1/4 l Sahne
2 cl Apfelbrand
1 säuerlicher Apfel
etwas Apfelbrand
2 EL Sonnenblumenkerne

Zubereitung

Zucker und Eigelb in einem Kessel schaumig rühren, den Apfelwalzer zugeben und auf dem Wasserbad cremig „zur Rose aufschlagen". Das heißt, die Crème wird dickflüssig und erhält damit Bindung. Die zuvor in kaltem Wasser eingeweichte Gelatine unterheben und den Kessel zum Abkühlen in kaltes Wasser stellen.
Die Sahne steifschlagen und mit dem Apfelbrand unter die abgekühlte, festwerdende Crème heben. Die Crème in Förmchen füllen und kalt stellen.
Den Apfel schälen und in gewünschte Form schneiden. Mit dem Apfelbrand etwas marinieren. Die Sonnenblumenkerne in einer trockenen Pfanne anrösten.
Beides beim Anrichten zu der Crème geben.

Rezept von Armin Treusch

Paradiesäpfel

Zutaten

4 Äpfel
1 Eigelb
1 TL Sahne
1 geriebene Semmel
Zucker, Zimt
geriebene Mandeln nach Geschmack
Erdbeermarmelade

Zubereitung

Äpfel schälen, Kerngehäuse ausstechen. Die Äpfel in Eigelb tauchen, das mit etwas Sahne vermischt wurde. Semmelbrösel mit Zucker, Zimt und geriebenen Mandeln mischen und die Äpfel darin wenden. Die Äpfel mit Marmelade füllen und im Ofen ca. 20 Min. garen. Paradiesäpfel mit flüssiger Schlagsahne oder Vanillecrème servieren.
Altes Rezept

Kartoffel-Apfel-Pudding

Zutaten

750 g mehlige Kartoffeln
1/2 Zitrone
65 g Butter
4 Eier
65 g Zucker
30 g Mandelblättchen
40 g Rosinen
80 g Äpfel
Butter und Brotkrumen für die Puddingform

Zubereitung

Gekochte Kartoffeln fein reiben, mit Zucker, Butter, Eigelb, Zitronenschale, gerösteten Mandeln, Rosinen und Äpfeln mischen. Eischnee unterheben.

In eine ausgebutterte Steingutform geben und ca. 45 Min. im Wasserbad garen lassen.
Dazu eine Schmandsauce oder Fruchtmark.

Rezept von Arno Roth

Weckschnitten und Apfelweinsauce

Zutaten Apfelweinsauce

400 ml Apfelwein
2 Eigelb
1 Tüte Puddingpulver (Vanille- oder Sahnegeschmack)
150 g Zucker
2 Eischnee

Zubereitung

Apfelwein, Eigelb, Puddingpulver und Zucker in einem Topf zum Kochen bringen. Vom Herd nehmen, in eine Schüssel umfüllen und den Eischnee unterheben. Zur Dekoration mit einem Teelöffel kleine Eischneetupfer auf die Sauce geben.

Zutaten Weckschnitten

8 Scheiben Toastbrot
8 EL Mehl
2 EL Zucker
1 Prise Salz
3 Eier
etwas Milch

Zubereitung

Mehl, Zucker, Eier, Salz und Milch zu einem dünneren Teig rühren.
Toastbrotscheiben einzeln in dem Teig wenden und in heissem Öl ausbacken. Die Weckschnitten mit der noch warmen Sauce servieren. Die Sauce schmeckt auch kalt sehr gut als Dessert.

Rezept von Iris Rippel

Glacierte Apfelspalten mit Apfelweinschaum gratiniert und Vanilleeis

Zutaten

8 Äpfel
200 g Butter, 100 g Zucker
2 cl Apfelkorn
2 Eigelb, 1 ganzes Ei
120 g Zucker
300 ml Apfelwein

Zubereitung

Die Zutaten für den Apfelweinschaum im Wasserbad aufschlagen. Äpfel schälen, vierteln und in Butter, Zucker und Apfelkorn karamelisieren. Sternförmig auf die Teller legen, mit Apfelweinschaum übergießen und im Grill oder Ofen (nur bei Oberhitze 200°-220°) gratinieren. Warm mit einer Kugel Vanilleeis servieren.

Rezept von Volker Berger

Eingelegte Äpfel

Zutaten

2 kg Äpfel
1/2 l Essig
1,5 kg Zucker
200 g Rosinen
5-10 Nelken
1 Zimtstange
1 TL Zimtpulver

Zubereitung

Äpfel waschen, schälen, halbieren, Kerngehäuse entfernen und einmal in kochendem Wasser aufwallen lassen. Essig und Zukker mit etwas Zimt, Nelken nach Belieben und den Rosinen aufkochen und über die Äpfel gießen. Nach 24 Stunden den Sirup abgießen, noch einmal aufkochen und wieder über die Früchte gießen. Erkalten lassen; den Vorgang wiederholen. In einen Steintopf füllen, mit einem in Rum getränkten Papier abdecken und mit Folie zubinden. Zu Tafelspitz oder gekochter Ochsenbrust servieren.

Rezept von Stefan Gütlich

Genuscheltes

Zutaten Teig
100 g Butter
200 g Mandeln
45 g Mehl
200 g Zucker
75 g Apfelsaft
100 g Apfelschnetze

Zutaten Schmandcrème
0,5 l Schmand
250 g süße Sahne
200 ml Apfelwein
4 Eigelb
4 EL Zucker
4 EL Apfelbrand
5 Blatt Gelatine

Zubereitung Teig
Butter schaumig rühren, alle Zutaten (Mehl zum Schluß) unterheben. Auf Backpapier löffelweise kleine Kugeln auftragen, Zwischenräume zur nächsten Kugel nicht zu klein lassen (läuft auseinander). Im vorgeheizten Ofen, ca. 200°, 5-8 Min. ausbacken. Auskühlen lassen und schichtweise mit Schmandcrème aufsetzen.

Zubereitung Schmandcrème
Eigelb, Zucker und Apfelbrand im Wasserbad bei kleiner Hitze schaumig schlagen. Sahne steif schlagen. Gelatine in kaltem Wasser einweichen.
Apfelwein unter die Eigelb-Zucker-Apfelbrand-Masse rühren. Den Schmand unterheben. Die eingeweichte Gelatine auspressen und im Wasserbad schmelzen lassen. Die geschmolzene Gelatine gleichmäßig unter die Eigelb-Apfelmasse rühren.
Die steifgeschlagene Sahne vorsichtig unterrühren.
Die Crème für ca. 1 Stunde kalt stellen.
Rezept von Arno Roth

Schmand-Apfel

Zutaten
4 Herrenäpfel
100 g Zucker
Zimt
100 g eingeweichte Rosinen
250 g Schmand

Zubereitung
Äpfel schälen und quer halbieren. Kerne so ausstechen, daß keine Löcher entstehen. Mit der Schnittfläche nach oben setzen, Zimt und Zucker darüber streuen. Schmand auf Äpfel setzen.
Bei ca. 200° 30 Min. backen.
Rezept von Arno Roth

Tiramisu vom Mostapfel

Zutaten

2 Eigelb
75 g Zucker
250 g Apfelmus
3 Blatt Gelatine
250 g geschlagene Sahne
4 cl Calvados
100 g Löffelbisquit
6 cl Apfelsaft
2 cl Calvados

Zubereitung

Zuerst macht man ein Apfelmus, von 1 kg gewaschenen und geviertelten Mostäpfeln.
6 EL Zucker zu Caramel werden lassen und die Äpfel hinzugeben. Etwas Wasser zugeben und eine Zimtstange mitkochen.
Wenn alles weichgekocht ist, passieren.
Die Eigelbe und den Zucker schaumig schlagen, dann das Apfelmus hinzufügen und über einem Wasserbad zur Crème werden lassen, „zur Rose abziehen".
Die eingeweichte Gelatine hinzugeben und abkühlen lassen. Wenn die Masse handwarm ist, den Calvados dazugeben und die geschlagene Sahne unterheben. Den Apfelsaft und den Calvados mischen und damit den Löffelbisquit tränken. Den Bisquit in eine geeignete Form geben und die fertige Apfelmasse darübergießen.

Im Kühlschrank fest werden lassen.

Rezept von Familie Stöckle

Quarkauflauf

Zutaten

150 g Butter oder Margarine
4 Eigelb
4 Eiweiß
200 g Zucker
Schale von 1 Zitrone (unbehandelt)
Zitronensaft
1 kg Magerquark
175 g trockener Grieß
1/2 Tütchen Backpulver
Paniermehl
50 g Korinthen
1 kg Äpfel

Zubereitung

Auflaufform buttern, mit Paniermehl und etwas Zucker ausstreuen.
Quark in einem Sieb abtropfen lassen. Die weiche Butter schaumig rühren, die Eigelb, den Zucker, Zitronensaft und -schale dazugeben, sodann den Gries, das Backpulver und den Quark.
Die Eiweiß zu einem steifen Schnee schlagen. Zunächst 1 EL, dann das übrige Eiweiß mit einem Spatel schnell unter die Quarkmasse rühren.
Die geschälten, in Spalten geschnittenen Äpfel mit den Korinthen in der Form verteilen, den Teig darüberstreichen und bei 200° etwa 30 – 35 Minuten backen.

Rezept von
Gertrud und Hans Stöckl

Apfelgratin

Zutaten

4 mürbe Äpfel
1/8 l Weißwein
2 EL Honig
Zitronensaft
Zimt
3 Eier, getrennt

Zubereitung

Äpfel schälen, in Hälften schneiden und fächerförmig einritzen. Wein, Honig, Zitronensaft und Zimt aufkochen, die Äpfel einlegen und im geschlossenen Topf 5 Min. köcheln lassen. Mit dem Schaumlöffel herausheben.
In eine Gratinform legen. Flüssigkeit einkochen lassen, vom Herd nehmen und die Eigelb unterrühren. Erhitzen, bis sie dick wird. Eischnee schlagen, unterheben und diese Masse über die Äpfel verstreichen. Im Backofen bei 200° 12-15 Min. überbacken.

Rezept von
Gertrud und Hans Stöckl

Äpfel mit Zimtsahne

Zutaten

600 g Äpfel
150 g Zucker
3/8 l Weißwein
200 g Sahne
1/2 TL Zimt

Zubereitung

Die geschälten Äpfel achteln und mit Zucker und Wein ca. 15 Minuten köcheln lassen.
Die Hälfte der Sahne mit Zimt aufkochen und ca. 2 Minuten köcheln lassen. Die Äpfel in Dessertschalen geben.
Den Sud um gut die Hälfte einkochen, mit der eingekochten Sahne verrühren und über die Äpfel gießen.
Schlagsahne als Klacks daraufsetzen und mit Zimt bestreuen.

Rezept von Gertrud und Hans Stöckl

Apfelsorbet mit Pfefferminze

Zubereitung

1 kg geschälte und entkernte Äpfel in Apfelsaft weichkochen, absieben und mit 200 ml Weißwein, 50 ml Calvados, 50 g Zucker und 1 Zweig Minze mischen und pürieren. Die Masse entweder in eine Eismaschine füllen und gefrieren lassen oder in ein Gefäß geben und in den Gefrierschrank stellen, dann muß man die Mischung ab und zu umrühren, bis die Masse gefroren ist. Das Sorbet in einen ausgehöhlten Apfel füllen und auf einen mit Kakaobutter besiebten und mit einem Minzeblatt dekorierten Teller stellen.

Rezept von Bernd Siefert

Apfelsuppe mit Milchreisklößchen

Zutaten Apfelsuppe

5 dl Buttermilch
2 dl Apfelkompott
150 g geschlagene Sahne
3 EL Zucker
1 EL Vanillezucker
2 EL gehackte Nüsse
etwas Zimt

Zubereitung

Unter das Apfelkompott, mit Weißwein, Vanillezucker und Zimt abgeschmeckt, gibt man die geschlagene Sahne und die gehackten Haselnüsse. In das abgekühlte Kompott die Buttermilch vorsichtig einrühren. Kalt servieren.

Zutaten Milchreisklößchen

1 l Milch
50 g Milchreis
1 EL Rosinen
2 EL Zucker
2 Eigelb

Zubereitung

Den Reis mit Milch und Zucker weichkochen, ca. 45 Minuten. Unter die abgekühlte Masse die 2 Eigelb und die Rosinen mischen. Kleine Klößchen abstechen. Vorsichtig in die Suppe geben, eventuell mit Himbeermark überglänzen.

Rezept von Jeannot Eggerstedt

Apfelstrudel

Zutaten Teig
300 g Mehl
50 g Fett (Öl)
1 ganzes Ei, 1 Eigelb
1/8 l Wasser

Zutaten Füllung
1,5 kg Äpfel
(geschält, fein geschnitten; mit Rosinen, Zimt und Zucker vermischen und abschmecken)

Zutaten Streusel
200 g Weckmehl
100 g Fett, ca. 30 g Zucker

Zubereitung Streusel
Weckmehl in das zerlassene Fett streuen, kurz durchrühren, mit Zucker vermischen.

Zubereitung Teig
Zutaten in einer Schüssel zusammen fein kneten, bis ein geschmeidiger Teig entstanden ist. Dann zu einer Kugel formen, mit Öl bestreichen und warm stellen (damit er weich-zäh wird).

Strudelteig zunächst mit der Hand in der Luft in ein Viereck ziehen, auf einem gemehlten Tuch dünn ausrollen und dann hauchdünn ziehen.

Die Streusel daraufstreuen und darauf die Apfelmischung verteilen.

Mit dem Tuch etwas anheben und abrollen; die Enden einschlagen, damit die Äpfel nicht auslaufen; auf ein Blech heben. Mit Eigelb bestreichen und bei 200° ca. 35-40 Min. backen.

Dazu: Vanillesauce oder Eis.

Rezept von
Gertrud und Hans Stöckl

Beerfelder Apfelpastete

Zutaten Teig
500 g Mehl
150 g Butter
4 Eigelb
10 g Salz
etwas warmes Wasser

Zutaten Füllung
1,5 kg Äpfel
150 g Zucker
50 g Butter
50 g Sultaninen
1 Schuß Rum, Zitrone
50 g Walnüsse

Zubereitung
Die Zutaten für den Teig zu einer mittelfesten Masse kurz zusammenarbeiten. Der Teig soll nicht zäh sein. Eine Springform

oder einen Tortenring (16 cm im Durchmesser, ca. 4 cm hoch) mit dem Teig nicht zu dünn auslegen. Die mit allen Zutaten geschmorten Äpfel einfüllen, den überstehenden Teigrand auf die Apfelfüllung legen und mit Eigelb bestreichen. Vom restlichen Teig einen Deckel ausrollen und einige Teigblättchen ausstechen.

Den Deckel auflegen und den überstehenden Rand abschneiden. In der Mitte eine ca. 2 cm große Öffnung ausstechen und ein Kaminchen aus Pergament einsetzen. Man bestreicht die Pastete mit Eigelb und garniert mit den ausgestochenen Teigblättchen. Die Pastete bei mittlerer Hitze im Ofen goldbraun ausbacken.

Rezept von Otto Sattler

Geeistes Apfelsüppchen mit Spoom vom Rosé-Apfelchampagner

Zutaten Apfelsüppchen:

100 g Zucker
4 Äpfel
0,2 l Apfelsaft
0,2 l Cidre (Apfelwein)
Zitronensaft
etwas Calvados

Zutaten Spoom

75 g Zucker
150 g Wasser
etwas Zitrone
1/4 l Rosé-Apfelchampagner
2 Eiweiß
75 g Zucker

Zubereitung Apfelsüppchen

Äpfel schälen, stückeln und mit Zucker, Saft, Cidre und Zitronensaft garkochen und anschliessend pürieren. Mit etwas Calvados verfeinern und kaltstellen

Zubereitung Spoom

Zucker, Wasser und Zitronensaft aufkochen und erkalten lassen. Apfelchampagner zugeben. Daraus mit dem Eiweiß und dem Zucker eine Meringuenmasse herstellen und in der Eismaschine frieren.

Rezept von Joachim Sauter

Odenwälder Apfelweinsüppchen

Zutaten

250 g Äpfel
1/4 l Apfelsaft
25 g Butter
20 g Zucker
1/4 unbehandelte Zitrone
1/2 l Apfelwein
1 kleine, geriebene, rohe Kartoffel
1 Prise Salz, Muskat
1/4 l Sahne
Apfelgelee und Sahne für Häubchen

Zubereitung

Äpfel schälen, vierteln, das Kerngehäuse entfernen und in feine Scheibchen schneiden. Mit Apfelsaft, Butter, Zucker und Zitrone kurz glasig kochen.
Den Apfelwein angießen, kurz aufkochen und mit der geriebenen Kartoffel binden. Rahm, Salz und Muskat zugeben.
Etwas geschlagene Sahne als Häubchen aufsetzen und mit etwas Apfelgelee verzieren.

(Die Suppe schmeckt auch kalt mit einem Hauch Pfeffer.)

Rezept von Otto Sattler

Crèmesuppe vom Herrenapfel

Zutaten

150 g Apfelwürfel
80 g Butter
Mehl zum Bestäuben
0,2 l Apfel-Cidre
250 g süße Sahne
Salz und Pfeffer
Mandeln

Zubereitung

Äpfel schälen, Kerngehäuse entfernen und in Würfel schneiden, in Butter andünsten, aber nicht rösten! Mit Mehl bestäuben und mit Cidre ablöschen. Etwa 5 Min. kochen lassen. Süße Sahne zufügen, nochmals unter Rühren erhitzen und abschmecken. Suppe in tiefen Tellern anrichten und obenauf Sahnetupfer sowie geröstete Mandeln geben.

Rezept von Arno Roth

Wetterauer Apfelauflauf mit Vanillesauce

Zutaten

4 große Äpfel
200 g Butter
6-8 Weißbrotschnitten
1/4 l Apfelsaft
2 cl Apfelkorn
150 g eingeweichte Rosinen
100 g Zucker
80 g gehackte Mandeln
etwas Zimt
4 Eiweiß
50 g Puderzucker
4 Eigelb
40 g Mehl

Zubereitung

Die Äpfel schälen, achteln und in Apfelsaft leicht blanchieren. Die Weißbrotschnitten in zerlassener Butter beidseitig goldgelb backen und auf dem Boden der Auflaufform auslegen.

Blanchierte Apfelstücke vorsichtig mit Zucker, Zimt, Rosinen, Mandeln und Apfelkorn vermischen und anschließend über den Weißbrotschnitten verteilen. Die Form mit abwechselnden Schichten auffüllen, wobei die Weißbrotschnitten mit Apfelsaft getränkt werden können.

Die letzte Schicht sollte aus Äpfeln bestehen. Das Eiweiß unter langsamer Zugabe des Zuckers zu Schnee schlagen. Einen Teil des Schnees mit den Eigelben verrühren, das Mehl über das restliche Eiweiß sieben und alle Zutaten zügig miteinander verrühren. Bei Bedarf kann Mark einer Vanilleschote verwandt werden.

Mit einem Eßlöffel große Nokkerln auf den Auflauf setzen, und bei 180° ca. 8-10 Minuten backen. Vor dem Servieren mit Puderzucker bestreuen.

Rezept von Volker Berger

Arnsburger Weinäpfel

Zutaten
4 große Äpfel
4 Walnüsse
1 gehäufter TL Sultaninen
Zucker, Zimt
1 Flasche Apfelwein
1/2 Stange Vanille
1 l Milch
175 g Zucker
3 Eigelb
25 g Stärkemehl

Zubereitung
Äpfel schälen, das Kerngehäuse ausstechen. Die Walnüsse feinhacken, mit den Sultaninen, dem Zucker und Zimt vermischen und in die Höhlungen der Äpfel füllen. Diese in eine feuerfeste Form setzen, mit dem Apfelwein übergießen und bei schwacher Hitze gar dämpfen.
Die Vanille in 3/4 l heißer Milch ausziehen lassen. Das Stärkemehl mit dem Eigelb und 1/4 l Milch verrühren. Den Zucker in die heiße Milch geben, auflösen. Das angerührte Stärkemehl dazugeben und unter ständigem Rühren zum Kochen bringen. Vom Feuer nehmen und etwas ziehen lassen. Kalt zu den heißen Weinäpfeln servieren.
Rezept von Stefan Gütlich

Rotweinäpfel

Zutaten
4 Äpfel
3 Blatt rote Gelatine
1/4 l Rotwein
Schale 1/2 Zitrone
1/2 Stange Zimt
4 EL Johannisbeergelee
1 EL Zucker
1/8 l Milch
1/2 Pck. Vanille-Saucenpulver
1 EL Zucker
1/8 l Sahne
1 EL gehackte Pistazien

Zubereitung
Äpfel schälen und Kerngehäuse ausstechen. Die Gelatine einweichen. Rotwein mit Zitronenschale und Zimtstange aufkochen, die Äpfel hineingeben und 10 Min. dünsten. Die Äpfel herausnehmen und abkühlen lassen. Das Johannisbeergelee in die Mitte der Äpfel füllen. Zitronenschale und Zimtstange aus dem Rotwein nehmen. Den Zucker und die ausgedrückte Gelatine in dem Rotwein auflösen und über die Äpfel gießen, erstarren lassen.
Das Saucenpulver nach Vorschrift zubereiten. Erkalten lassen. Die Sahne steif schlagen und unterziehen. Die Sauce und die Pistazien über die Äpfel geben.

Rezept von den Landecker Landfrauen

Apfelgratin mit karamelisierten Walnüssen und Walnußeis

Zutaten
750 g Äpfel
5 EL Zitronensaft
120 g Walnußkerne
100 g Puderzucker
300 ml Schlagsahne
3 Eier
60 g Zucker
1 Pck. Vanillezucker
1-2 TL gemahlener Zimt
4 Kugeln Walnuß-Eis (Fertigprodukt)

Zubereitung
Äpfel schälen, vierteln, entkernen, 2/3 in dünne Spalten schneiden, Rest würfeln. 80 g der Walnüsse grob hacken, Rest ganz lassen.
Für den Karamel den Puderzucker im Topf bei mittlerer Hitze schmelzen lassen, mit 100 ml Sahne ablöschen und so lange unter Rühren kochen, bis ein

dicklicher Karamel entsteht. Erst die ganzen Nüsse in Karamel wenden und einzeln auf einer Platte ablegen. Dann die gehackten Nüsse in Karamel wenden und darin abkühlen lassen.
4 Gratinformen (16 cm Durchmesser) mit Apfelspalten auslegen, die Apfelwürfel in die Mitte geben. Je 1 EL gehackte, karamelisierte Nüsse auf den Apfelwürfeln verteilen.
Für die Eiersahne 1 Ei und 1 Eigelb, 30 g Zucker und den Vanillezucker in einer Schüssel mit den Quirlen des Rührgerätes cremig rühren.
Die Förmchen mit der Eiersahne auffüllen.
Die Apfelgratins im vorgeheizten Backofen auf der 2. Einschubleiste von unten bei 175° 35 Minuten backen (Gasherd Stufe 2), aus dem Ofen nehmen und 5 Min. langsam abkühlen lassen.
Inzwischen den Zimt mit dem restlichen Zucker vermischen. Gratins damit bestreuen und mit einer Walnuß-Eis-Kugel und den ganzen karamelisierten Walnüssen anrichten.

Rezept von Heinz de Groot

Apfel-Zimtcrème

Zutaten
1/2 l Sahne
4 EL Zucker
4 Eier
1 EL Speisestärke
Kompott von 3 Äpfeln
1 TL Zimt

Zubereitung
Eier kräftig schlagen, mit Sahne, Zucker und Speisestärke verquirlen. Apfelkompott mit Zimt würzen und unterziehen.
Im Wasserbad im auf 200° vorgeheizten Ofen ca. 60 Minuten stocken lassen.
Rezept von Arno Roth

Bratapfel-Eisparfait auf Orangen-Ingwersauce mit Hagebuttenmark

Zutaten

200 g Äpfel
Puderzucker
2 Eigelb
20 g Zucker
30 g Honig
etwas Marzipan
0,15 l Sahne
1 EL Rosinen,
in Apfelschnaps getränkt
geröstete Mandelsplitter
0,1 l Orangensaft
Zucker, Stärke
10 g Ingwerwurzel
160 g Hagebuttenmark

Zubereitung

Für das Bratapfelmus die Äpfel schälen, halbieren, auf ein Backblech setzen und mit Puderzucker bestreuen. Im Ofen so lange backen, bis sie Farbe haben und weich sind. Danach durch ein feines Sieb streichen.

Das Eigelb mit Zucker schaumig rühren. Das Bratapfelmus, die gerösteten Mandeln, Rosinen, Honig und Marzipan zugeben und unterheben. Die Sahne steif schlagen und ebenfalls unterheben. In eine Form füllen und frieren.
Orangensaft aufkochen. Die Stärke mit Wasser glattrühren und damit den Orangensaft zur gewünschten Konsistenz abbinden. Zucker nach Wunsch zugeben. Die Ingwerwurzel schälen und in ganz feine Würfel schneiden. Diese 5 Minuten mit der Sauce kochen lassen. Danach kaltstellen.

Zum Anrichten die Sauce auf den Tellern verteilen, das Bratapfelparfait darauf anrichten und das Hagebuttenmark dazugeben.

Rezept von Armin Treusch

Frankfurter Aprikosenschmoräpfel

Zutaten

4 mittelgroße Äpfel
25 g Butter
1 große Dose Aprikosen
3 EL Honig
60 g Mandelsplitter, 60 g Rosinen

Zubereitung

Die Äpfel schälen und das Gehäuse entfernen. Eine Auflaufform buttern und die Äpfel hineinstellen. Die Aprikosen mit der Hälfte des Saftes und dem Honig pürieren und über die Äpfel geben. Die Mandelsplitter und Rosinen gleichmäßig darüberstreuen.
Im vorgeheizten Backofen 40 Minuten bei 200° schmoren.

Rezept von den Landecker Landfrauen

Apfel-Riesling-Süppchen mit Vanillegraupencrème

Zutaten
Vanillegraupencrème
100 g Perlgraupen
300 g Milch
20 g Zucker
1/2 Stange Vanille
1 säuerlicher Apfel
3 Blatt Gelatine
200 g Sahne
50 g Zucker

Zubereitung
Graupen waschen und mit der Milch und der Vanillestange ca. 40 Min. leicht köcheln lassen, bis die Graupen weich sind. Den Apfel schälen, in kleine Würfel schneiden, einen Moment mitkochen lassen. Die eingeweichte und ausgedrückte Gelatine unterrühren und etwas abkühlen lassen. Die Sahne mit dem Zukker steifschlagen und unter die abgekühlte Graupenmasse heben. In gebutterte Förmchen abfüllen und kaltstellen.

Zutaten
Apfelrieslingsüppchen
600 ml Rheingau-Riesling
300 ml Apfelsaft
1 Zimtstange
1 Vanillestange
4 säuerliche Äpfel in kleinen Würfeln
150 g Zucker
40 g Stärkemehl
4 cl Apfelbrand

Zubereitung
Den Wein, Apfelsaft, Zucker, Zimt- und Vanillestange zum Kochen bringen. Die Apfelwürfel zugeben, kurz durchkochen lassen und mit der Stärke binden.
Zimt- und Vanillestangen entfernen, mit Apfelbrand aromatisieren und auskühlen lassen.
In Suppenteller anrichten und die Graupencrème daraufsetzen.

Rezept von Horst Weihrich

Apfellaibchen

Zutaten
ca. 250-300 g Brotteig; roh, vom Bäcker (mind. 1 Tag vorher bestellen)
4 Äpfel

Zubereitung
Ganze Äpfel waschen, in Brotteig einrollen, gehenlassen, als Ball bei 180° 10 Minuten backen. Noch warm verzehren.
Mit Vanillesauce und Himbeermark servieren.

Rezept nach altem Kochbuch von Stefan Gütlich gebacken

Apfel-Lebkuchenauflauf auf Vanilleschaum mit Holundergelee

Zutaten

250 g Lebkuchen
2 Äpfel
etwas Apfelwein
20 g Zucker
2 Eier
0,1 l Milch
50 g Zucker
2 EL Rosinen, in Apfelschnaps getränkt
2 Eigelb
60 g Zucker
1/8 l Milch
1/2 Vanilleschote
4 EL Holundergelee

Zubereitung

Lebkuchen in kleine Würfel schneiden. Ebenso die geschälten Äpfel. Diese im gezuckerten Apfelwein einmal aufkochen. Äpfel und Lebkuchen mischen. Eier, Milch und Zucker verrühren und dazugeben. Desgleichen die Rosinen und alles gut vermischen. Diese Masse in Förmchen füllen, die zuvor ausgebuttert und mit Semmelbröseln ausgestreut worden sind. Im Ofen bei 200° ca. 15 Min. backen.

In der Zwischenzeit die Vanillestange aufschneiden, das Mark in die Milch schaben und aufkochen. Die Eigelbe mit Zucker schaumig rühren. Die Vanillemilch darüber passieren und im Wasserbad heiß aufschlagen.

Zum Anrichten den Schaum auf den Tellern verteilen, die aus den Förmchen gestürzten Aufläufe draufsetzen und das Holundergelee dazugeben.

Rezept von Armin Treusch

Ebbelwoi-Kaltschale

Für ca. 10 Personen

Zutaten

1 kg Äpfel
0,3 l Wasser
300 g Zucker
1 l Apfelwein, 1/2 l Wasser
Rosinen

Zubereitung

Äpfel schälen, entkernen und in Würfel schneiden. In 0,3 l Wasser mit dem Zucker weich dämpfen und mit dem Mixstab pürieren. Abkühlen lassen. Mit 1 l Apfelwein und 1/2 l Wasser verquirlen.

Nach dem Anrichten mit Apfelstückchen, in Apfelwein gequollenen Rosinen und Minze garnieren. Kalt servieren.

Rezept von Heiner Ramp

Apfelauflauf mit Vanillesauce

Zutaten

4 Brötchen vom Vortag
1/2 l Milch
120 g Butter
3 Eier
100 g Zucker, 1 Prise Salz
750 g Äpfel, in feine Scheibchen geschnitten
60 g Sultaninen
1/2 TL Zimt
1 unbehandelte Zitrone
4 cl Kirschwasser

Zubereitung

Die in Scheibchen geschnittenen Brötchen in der warmen Milch einweichen und gut ausdrücken. Die Butter mit dem Zucker schaumig rühren und nach und nach die Eier zugeben. Mit Salz, Zimt, Kirschwasser, dem Saft und dem Abgeriebenen der Zitrone würzen. Nun die eingeweichten Brötchen mit den Äpfeln und den Sultaninen unterheben. In eine gebutterte und mit Semmelbröseln ausgestreute Auflaufform füllen. Ungefähr 1/2 Stunde im heißen Ofen backen. Etwas abkühlen lassen und auf eine Platte stürzen.

Zutaten Vanillesauce

1/2 l Milch
50 g Zucker, 10 g Stärkemehl
1/2 Vanilleschote
3 Eigelb

Zubereitung

3/4 der Milch mit dem Mark der Vanilleschote erhitzen. 3 Eigelb mit dem Rest Milch, Zucker und dem Stärkemehl verrühren und unter die kochende Milch rühren. Wenn die Sauce auf dem Feuer abgebunden hat, zur Seite stellen und umfüllen. Nicht wieder kochen lassen!

Rezept Otto H. Sattler

Gemüse von Apfelschnitzen

Zutaten

4 festkochende, mittelgroße Äpfel
2 EL Sultaninen
0,3 l Apfelsaft
0,1 l Riesling
4 cl Calvados
Saft einer halben Zitrone
2 EL Zucker
3 Gewürznelken
20 g Butter
1 schwach gehäufter EL Stärkemehl

Zubereitung

Äpfel schälen und in Schnitze schneiden. Kerngehäuse entfernen und die Apfelschnitze mit Zitronensaft und Calvados beträufeln. Die Butter zerlaufen lassen, Sultaninen dazugeben und einige Minuten leicht köcheln lassen. Mit Apfelsaft und Riesling auffüllen, Zucker und Gewürznelken zugeben und nochmals einige Minuten simmern lassen. Apfelschnitze zugeben, weitere 5 Minuten kochen und dann aus dem Saft nehmen. Die Äpfel sollten noch etwas Biß haben! Stärkemehl mit etwas kaltem Wasser glattrühren und den Sud damit abbinden. Nochmals aufkochen lassen und zum Schluß die Äpfel wieder zugeben.

Rezept von den Landecker Landfrauen

Gefüllter Bratapfel an Apfelweinsabayon

Zutaten Bratapfel
4 große Äpfel
150 g eingeweichte Rosinen
150 g Zucker
etwas Zimt
4 cl Rum
100 g gehackte Haselnüsse
400 g grob gehackte Apfelstücke
200 g Butter

Zubereitung
Die Äpfel aushöhlen, gehackte Apfelstücke mit Rosinen, Zukker, Zimt, Haselnüssen und Rum vermischen, die Äpfel damit füllen. Mit der Butter in einen Bräter geben und im Ofen bei 185° etwa 20-30 Min. garen.

Zutaten Sabayon
6 Eigelb
200 g Zucker
1/4 l Apfelwein
2-4 cl Apfelkorn

Zubereitung
Eigelb und Zucker verrühren. Dann unter Zugabe von Apfelwein und Apfelkorn im Wasserbad mit dem Schneebesen aufschlagen und sofort über die fertigen Bratäpfel geben.

Rezept von Volker Berger

Arnsburger Apfelschräubscher

Zutaten
375 g Mehl
5 Eier
1/2 - 3/4 l Milch
1 Pck. Vanillezucker
1 TL Salz
7 große, weiche, aromatische Äpfel

Zubereitung
Mehl, Eier, Milch und Salz zu einem sämigen Eierkuchenteig verrühren, ohne daß Klümpchen entstehen. Vanillezucker dazugeben und etwa 5 Min. mit dem Schneebesen oder im Mixer gut schlagen, damit der Teig besonders locker wird. Äpfel schälen und quer in 1 cm dicke Scheiben schneiden (das Kerngehäuse vorsichtig entfernen). Äpfel in den Teig legen. Öl oder Pflanzenfett in der Pfanne erhitzen, je eine Apfelscheibe mit einem gehöhlten, nicht zu kleinen Holzlöffel in die Pfanne legen und bei guter Mittelhitze von beiden Seiten goldgelb backen.

Rezept nach altem Kochbuch aus Hessen von Stefan Gütlich gekocht.

Hessischer Apfeltraum

Zutaten
200 g Löffelbisquits oder Zwieback
4 EL Calvados
500 g Apfelmus
250 g Mascarpone
200 g Sahnequark
75 g Zucker
1 Pck. Vanillezucker
100 g süße Sahne
Zimt oder Kakaopulver
zum Verzieren

Zubereitung
Löffelbisquits oder Zwieback zerbröseln und eine flache Auflaufform damit auslegen. Mit Calvados beträufeln und danach das Apfelmus darauf verteilen.
Sahne steif schlagen und mit Mascarpone, Sahnequark, Zukker und Vanillezucker vermischen und auf das Apfelmus streichen. Ca. 2 Stunden im Kühlschrank durchziehen lassen.
Aus Papier eine Apfelschablone schneiden und auf die oberste Schicht legen. Mit etwas Zimt oder etwas Kakaopulver bestäuben, Schablone abnehmen.
Wenn Kinder mitessen, sollte natürlich auf Calvados verzichtet werden. Mit Apfelsaft beträufelt schmeckt es ebenfalls.
Rezept von Ellen Heck

Ebbel-Schräubscher

Zutaten
2 säuerliche, feste Äpfel
1/2 l Speierling Apfelwein
1 ungespritzte Zitrone
1,5 Tassen Milch
Zucker, Salz
4 Eier
3 EL Mehl
Butter und Schmalz
Zimt oder Puderzucker

Zubereitung
Die Äpfel schälen und in kleine bis mittlere Würfel schneiden. Die Apfelwürfel in Speierling Apfelwein und Zitronensaft marinieren.
Für den Teig Mehl, Milch und etwas Zucker anrühren, 4 Eigelb dazugeben, mit abgeriebener Zitronenschale und einer Prise Salz verrühren. Eiweiß steif schlagen und unter den Teig heben.
In einer Pfanne, halb mit Butter und halb mit Schmalz ausgefettet, die marinierten Apfelwürfel mit Zukker anbraten, so daß etwas Karamel entsteht.
Dann Teig darübergeben und backen. Wenn der Teig oben nicht mehr flüssig ist, wenden, nochmals etwas Fett dazugeben und zweite Seite backen. Je nach Geschmack mit Zimtzucker oder Puderzucker bestreuen.
Rezept von Kurt J. Werner

Apfelpastete

Zutaten Teig

200 g Mehl
130 g Butter oder Margarine
4 EL Wasser, Salz

Zutaten Füllung

6-8 Äpfel
Johannisbeergelee
Zucker, Zimt
75 g gehackte Mandeln
75 g Sultaninen
1 Eigelb zum Bestreichen

Zubereitung

Mehl, Salz und Butter verrühren, bis eine krümelige Masse entsteht. Nach und nach das kalte Wasser zugeben und den Teig zum Kloß formen.
Kaltstellen und 30 Min. ruhen lassen. Teig etwa 1/4 cm dick zur runden Platte auswellen.

Eine ungefettete Auflaufform mit dem Teig so auslegen, daß er etwa 3 cm überhängt. Teig glatt schneiden und zur Hälfte nach innen umlegen, so daß ein doppelter Rand entsteht, der mit dem Daumen und dem Zeigefinger so eingedrückt wird, daß eine Zackenbildung entsteht.
Äpfel schälen, Kernhaus ausstechen und statt dessen Johannisbeergelee einfüllen. Äpfel in die Form stellen, mit Zimt und Zucker bestreuen. Sultaninen und Mandeln überstreuen. 3 EL Johannisbeergelee mit ein wenig Wasser verrühren und über die Äpfel gießen. Den doppelten Teigrand nach innen umlegen und mit verquirltem Eigelb bestreichen. Die Pastete bei Mittelhitze goldgelb backen.

Rezept von Wolfgang Belz

„Ebbelranzer"

In Brotteig gebackene Apfelstücke mit Rosinen, Zimt und Schmand

Zutaten

500 g Roggenbrotteig vom Bäcker (mindestens 1 Tag vorher bestellen)
4 Äpfel
Rosinen
Schmand, Zimt und Zucker

Zubereitung

Brotteig ausrollen, mit Apfelspalten belegen, zuckern, im Ofen bei mittlerer Hitze backen. Nach halber Backzeit mit Rosinen bestreuen und mit Schmand bestreichen.
Leicht mit Zimt bestreuen.

Rezept von Arno Roth

Apfelpfannkuchen

Zutaten für 4 Stück
0,2 l Milch
0,4 l Mineralwasser
4 Eier
500 g Mehl
1 Prise Salz
200 g Zucker
etwas Öl
3-4 süße Äpfel
50 g Zucker
etwas Zimt

Zubereitung
Milch, Mineralwasser, Eier, Salz und Zucker in einer Schüssel zusammen verrühren. Danach das Mehl langsam dazugeben und mit einem Schneebesen gut aufschlagen. Eine Pfanne mit wenig Öl vorheizen.
Die Äpfel vierteln, schälen, Kerngehäuse entfernen und in Spalten schneiden. Nun die vorgeheizte Pfanne vom Ofen nehmen, den Teig einfüllen und schnell die Apfelspalten fächerförmig in dem noch flüssigen Teig anordnen und von beiden Seiten langsam goldgelb backen. Den Apfelpfannkuchen auf dem Teller so anrichten, daß die Seite mit den Apfelspalten zu sehen ist. Danach mit Zimt und Zucker bestreuen.
Rezept von Familie Friese

Muttis Vollwert-Apfeldessert

Zutaten
4 mittelgroße Äpfel
2-3 EL Honig
150 g Joghurt natur
2-3 EL grob gemahlene Haselnüsse
Spritzer Zitrone

Zubereitung
Äpfel waschen, entkernen und vierteln. Dann entweder reiben oder, je nach vorhandenem Küchengerät, pürieren oder im Mixer zerkleinern. Den Honig, den Joghurt und die gemahlenen Haselnüsse unterrühren, wobei die Menge des Honigs und der Haselnüsse je nach Geschmack variiert werden kann. Mit einem Spritzer Zitrone abschmecken.
Serviervorschlag: Das Dessert schmeckt am besten nur leicht gekühlt und in einer Glasschale. Dekorieren kann man mit einer Sahnehaube, die mit etwas Zimt bestreut wird oder mit einem Minzblatt. Variation: Man kann das Dessert auch lauwarm mit einer Kugel Vanilleeis servieren.

Rezept von Anna-Maria Schollmayer

Apfelkrapfen auf Preiselbeersabayon

Zutaten Teig

2 Äpfel
0,1 l Bier
100 g Mehl
1 Ei
40 g Zucker
1 Prise Zimt

Zutaten Sabayon

2 Eigelb
60 g Zucker
1/8 l Rotwein
2 EL Preiselbeerkompott

Zubereitung

Die Äpfel schälen, in Spalten schneiden und das Kerngehäuse entfernen. Den Ausbackteig herstellen. Die Apfelschnitze in Mehl wenden, durch den Ausbackteig ziehen und im Fett schwimmend backen.

Eigelbe mit Zukker schaumig rühren, den Rotwein zugeben und im Wasserbad heiß aufschlagen.
Zum Schluß das Preiselbeerkompott zugeben.
Den Preiselbeersabayon auf den Tellern anrichten und die Apfelkrapfen darauf anrichten.

Rezept von Armin Treusch

Honig-Apfelauflauf „Schleckermäulchen"

Zutaten

500 g säuerliche Äpfel
250 g Quark
100 g Grieß
1/2 Pck. Backpulver
125 g Honig
6 Eier
100 g Butter

Zubereitung

Eier trennen. Eigelb, Honig und Butter schaumig rühren. Quark, Grieß und Backpulver zugeben. Eiweiß zu steifem Schnee schlagen und unterheben. Äpfel grob raspeln. Eine Auflaufform buttern und abwechselnd Grießmasse und Äpfel einfüllen.
Backzeit 45 Min. bei 175° – 200°
Rezept von Christa Gombel

Tiramisu mit grünem Apfeleis

Zutaten Tiramisu
150 g Zucker
5 Eigelb
8 cl Marsala Crenova
500 g Mascarpone
3 Tassen Espresso
Löffelbisquit
geraspelte Schokolade

Zubereitung
Marsala, Eigelb und Zucker warm zum Sabayon aufschlagen. Kaltrühren und den Mascarpone zugeben. Bisquit in Espresso tauchen und damit eine Form auslegen. Mit der Crème überziehen und mit Schokoladenraspeln garnieren.

Zutaten Apfeleis
250 g Milch
250 g Sahne
100 g Zucker
5 Eigelb
250 g grünes Apfelpüree

Zubereitung
Die Milch, Sahne, Zucker aufkochen.
Die verquirlten Eigelb unterrühren und auf kleiner Flamme unter beständigem Rühren abbinden: „zur Rose abziehen". Abkühlen lassen.
Grünes Apfelpüree zugeben und in der Eismaschine gefrieren. Zusammen mit dem Tiramisu servieren.

Rezept von Joachim Sauter

Mousse von grünem Apfel

Zutaten
500 g grüne Äpfel
100 g Zucker
4 Eigelb
5 Blatt Gelatine
5 cl Calvados
500 g geschlagene Sahne

Zubereitung
Grüne Äpfel entkernen, mit der Schale kleinschneiden und im Mixer pürieren.
Eigelb und Zucker mit Calvados im Wasserbad zu einem Sabayon aufschlagen, eingeweichte und ausgedrückte Gelatine zugeben. Sodann das Apfelpüree. Kaltrühren und die steif geschlagene Sahne unterheben. Kaltstellen. Zum Servieren mit einem Löffel, der immer wieder in heißes Wasser getaucht wird, Nocken abstechen.
Mit frischen Früchten garnieren.

Rezept von Joachim Sauter

Apfeltorte mit Baby-Äpfeln

Zutaten

Bisquitboden von 2 Eiern (26 cm)
1 Tasse Wasser
1 Tasse Zucker
2 Pck. Vanillesaucenpulver
2 Eigelb
2 El Zitronensaft
2 EL Vanillepuddingpulver
5 Äpfel, geraspelt
2 Becher Schlagsahne
1 1/2 Dosen Baby-Äpfel
Zimt

Zubereitung

Puddingpulver und das Vanillesaucenpulver mit etwas Zucker mischen und mit wenig Wasser verrühren.
2 EL Wasser und Zitronensaft zum Kochen bringen und das angerührte Pulver darin kurz aufkochen. Die 2 Eigelb unterrühren (legieren) und die Äpfel mit dem Zucker dazugeben und gut verrühren. Die Masse auf den Bisquitboden geben (evtl. Tortenring benutzen) und einige Stunden kühlstellen.
2 Becher Schlagsahne schlagen und Torte damit bestreichen. Mit den Baby-Äpfeln dekorieren und mit Zimt bestreuen.

Rezept von den
Landecker Landfrauen

Zwieback-Apfeltorte

Zutaten
150 g Zwieback
1 1/2 kg Äpfel
150 g Butter
Zucker
1 Zimtstange
Schlagsahne
Johannisbeeren
oder eingemachte Kirschen

Zubereitung
Äpfel schälen und mit der Zimtstange und etwas Wasser zu einem dicken Mus kochen, dann die Zimtstange herausnehmen. Apfelmus durch ein Sieb passieren, mit Zucker abschmecken. Zwieback grob reiben und mit zerlassener Butter mischen.
Die Krümel und das Apfelmus abwechselnd schichtweise in eine Springform (Durchmesser 24 cm) geben. Zuletzt nur einige Krümel überstreuen. Bei 175° eine halbe Stunde backen, dann am besten über Nacht kaltstellen.

Mit aufgespritzter Schlagsahne und frischen Johannisbeeren oder eingemachten Kirschen servieren.

Rezept von Ingried Pleyer

Apfeltarte mit Pinienkernen

Zubereitung
200 g Mürbeteig in einer Form auslegen und ca. 10 Min. vorbacken. 500 g Äpfel schälen, entkernen, in Spalten schneiden und in 50 g Butter weichdünsten. 50 g Zucker, 50 g Pinienkerne, 50 g Rosinen und 1 Messerspitze Zimt zugeben und die Masse in die Mürbeteigform füllen. 2 Äpfel schälen, entkernen, in feine Scheiben schneiden und schön auf der Tarte verteilen. Puderzucker darübersieben und

die Tarte im vorgeheizten Backofen bei ca. 200° 30 Minuten backen.
Rezept von Bernd Siefert

Gedeckter Apfelkuchen

Zutaten Teig
500 g Mehl
40 g Hefe
60 g Zucker
60 g Butter
1 Prise Salz
1/4 l Milch
1 Ei

Zutaten Füllung
1 1/2 kg Äpfel, gewürfelt
200 g Rosinen
etwas Zimt
etwas Zucker
Zitronensaft für Äpfel

Zubereitung
In das gesiebte Mehl eine Mulde drücken. Zerkleinerte Hefe in die Mulde streuen, ein Teil Zucker und etwas lauwarme Milch dazugeben, an einem warmen Ort gehen lassen (Vorteig). Restliche Zutaten beifügen, gut durchkneten, ein zweites Mal gehen lassen. Die Hälfte des Teiges auf ein gefettetes Backblech ausrollen. Die Äpfel, Rosinen, Zimt und Zucker auf dem Kuchen verteilen. Die zweite Hälfte des Teiges ausrollen und die Äpfel damit bedecken. Nach Bedarf Streusel darauf geben. Backzeit: 30 Min. bei 200°.
Rezept von Else Heil

Apfelkuchen Landsteiner Mühle

Zutaten Teig
500 g Mehl
250 g Fett
200 g Zucker
3 Eier
1 1/2 Pck. Backpulver
1 Pck. Vanillezucker

Zutaten Belag
1,5 kg geschälte Äpfel, feingeschnitten
Zitronenschale
Zimt, Zucker
Mandelblättchen

Zubereitung
Feinen Mürbeteig herstellen. Boden und Rand einer Springkuchenform mit dem Teig auskleiden. Mit den Äpfeln (mit Zimt und Zucker abgeschmeckt) belegen, den restlichen Teig in Flöckchen auf den Äpfeln verteilen, mit Mandelblättchen bestreuen und bei ca. 200° ca. 70 Min. backen. Zum Auskühlen auf ein Kuchengitter stürzen, dadurch werden die Streusel vom Saft weich.
Am besten schmeckt der Kuchen noch warm mit Sahne.

Rezept von
Gertrud und Hans Stöckl

Apfelkuchen mit Streuseln

Zutaten Teig
400 g Mehl
1 Würfel Hefe
70 g Zucker
6-8 Äpfel
10 g Salz
1 Ei
50 g Butter
130 ml Milch
Zimt

Zutaten Streusel
100 g Mehl
80 g Zucker
20 g Vanillezucker
50 g Butter

Zubereitung
Mehl in eine Schüssel sieben, in der Mitte eine Kuhle machen und das Ei hinzugeben sowie Zucker und Salz. Die Milch etwas

erwärmen, weiche Butter hinzugeben und mit der Hefe darin auflösen.

Die Milch zum Mehl gießen und alles zu einem Teig verarbeiten. Den Teig abdecken und an einem warmen Ort gehen lassen.

Nach 30 Min. Teig runterschlagen und nochmals 10 Min. gehen lassen. Runde Form ausfetten und mit Mehl bestäuben. Teig ausrollen, in die Form legen und am Rand etwas andrücken. Äpfel schälen, Kerngehäuse entfernen und in Viertel schneiden, Außenseite mehrmals einritzen und die Form von außen nach innen mit den Äpfeln belegen. Mit Zimt bestäuben und reichlich Streusel darübergeben. Bei 180° 25-30 Minuten backen und danach mit Puderzucker bestreuen.

Rezept von Stefan Gütlich

Apfeltarte

Zubereitung
Springform buttern und mit TK-Blätterteig auslegen. Säuerliche Äpfel entkernen, schälen und in ganz feine Schnitze schneiden. Die Tarteform kreisförmig eng damit belegen.

Ca. 8 EL Sahne, 1 Eigelb, 2 EL feinen Zucker, 1/2 TL Zimt verquirlen und über die Äpfel geben. Bei 200° backen. Nach dem Backen evtl. nochmals mit Zucker und Zimt bestreuen. Schmeckt am besten lauwarm.

Nach altem Rezept
von Stefan Gütlich gebacken

Apfelränzchen

Zutaten Teig
250 g Mehl
65 g Butter
gut 1/8 l sauren Rahm
(Créme fraiche)

Zutaten Füllung
400 g Äpfel
40 g Zitronat
40 g Zucker
1 Prise Zimt
ein Schuß Wein
1 walnußgroßes Butterstück
1 Eigelb

Zubereitung
Die Äpfel schälen, entkernen und in nicht zu große Stücke schneiden.
Mit den anderen Zutaten halbweich schmoren. Den Teig herstellen, diesen dünn auf 40 x 42 cm ausrollen. Mit dem Küchenrädchen in 3 x 4 Teile teilen, den Rand mit Ei bestreichen, die eine Hälfte mit den Äpfeln belegen, die andere Hälfte darüber decken und mit Ei bestreichen.
Im Ofen goldbraun backen.

Rezept von Otto H. Sattler

Apfelkuchen mit Mandelblättchen

Zutaten
200 g Butter
200 g Zucker
1 Pck. Vanillezucker
250 g Mehl
2 TL Backpulver
6 Eier
ca. 2 kg Äpfel
200 g Mandelblättchen

Zubereitung
Butter und Zucker schaumig rühren, dann die Eier und Vanillezucker unterrühren. Das Mehl mit dem Backpulver unterheben. Die Teigmasse auf das Backblech streichen. Die geschälten und in Scheiben geschnittenen Äpfel darauf verteilen. Die Mandelblättchen darüber streuen. Den Kuchen bei 160° ca. 30 Min. backen. Aus dem Ofen nehmen und gleich mit Zucker bestreuen.
Rezept von Familie Breivogel

Schwan mit Apfelfüllung

Zutaten

125 g Biskin
125 g Wasser
1 Prise Salz
250 g Mehl
6 Eier
gehackte Äpfel
etwas Zimt und Zucker
Puderzucker

Zubereitung

Das Wasser, Salz und Biskin in einen großen Topf geben und kurz aufkochen lassen. Den Topf vom Herd nehmen und das Mehl auf einen Schlag in den Topf geben. Dann alles bei schwacher Hitze rühren, bis sich der Teig vom Boden löst. Alles zusammen in eine Rührschüssel geben und die Eier nacheinander mit dem Knethaken des Rührgerätes unterheben. Den Teig dann in einen Spritzbeutel mit Lochtülle geben und den Hals vom Schwan in Form eines Fragezeichens auf das Backblech spritzen. Für den Körper nehmen Sie eine Sterntülle und spritzen gebogene Teigformen auf das Blech.

Die Teigformen werden dann bei 220° ca. 15 Min. gebacken. Nach dem Erkalten füllt man in die Mitte des Körpers die vorher gedünsteten Äpfel und setzt den Hals drauf.

Zum Schluß wird alles mit Puderzucker bestreut.

Rezept von Familie Breivogel

Apfelkuchen mit Preiselbeeren

Zutaten Hefeteig
250 g Mehl
20 g Hefe
1/8 l Milch
25 g Zucker
1 Prise Salz
1 TL Zitronenschale
70 g Fett

Zutaten Belag
100 g Walnußkerne, gemahlen
400 g Marzipanrohmasse
100 g Zucker
150 g Fett
2 Eier
50 g Mehl
1 TL Zimt
2 kg mittelgroße Äpfel
2 EL Zitronensaft
ca. 150 g Preiselbeeren
Apfelgelee

Zubereitung
Hefeteig herstellen, ausrollen und auf ein Backblech auslegen. Belag zu einer Masse verarbeiten und auf den Hefeteig aufstreichen. Die geschälten Äpfel in Spalten daraufsetzen, in die Zwischenräume die Preiselbeeren streuen; nachgehen lassen. Bei 175° 50 Min. backen.
Den Äpfeln mit dem angewärmten Gelee Glanz geben.

Rezept von
Gertrud und Hans Stöckl

Apfeltorte mit ganzen Äpfeln

Zutaten
150 g Butter
150 g Zucker
3 Eier
1 Prise Salz
Abgeriebenes einer Zitrone
200 g Mehl
1 TL Backpulver
1/2 TL Zimt
Gries, Zucker
gehobelte Mandeln
8 kleine Äpfel
Zitronat, Korinthen
Erdbeermarmelade

Zubereitung Teig
Die Butter mit Zucker und den Eiern schaumig schlagen, anschließend Abgeriebenes einer Zitrone, Salz und Zimt hinzugeben.
Mehl und Backpulver unterheben. Die fertige Masse in eine gefettete, mit Gries ausgestreute Springform füllen, Äpfel einsetzen.
Gesamtbackzeit 60 – 70 Min. bei 170°-200°. 10 Min. vor Ende der Backzeit Mandeln und Zucker über den Kuchen streuen.

Zubereitung Belag
8 kleine Äpfel aushöhlen und füllen mit: 1/2 EL gehacktem Zitronat, 1 EL Korinthen, 1 EL Zucker, 10 g Butter, Erdbeermarmelade.

Rezept von Arno Roth

Apfelblitz-Kuchen

Zutaten
6 säuerliche Äpfel
Saft von 2 Zitronen
3 EL Zucker
60 g Butter
150 g Zucker
2 Eier
abgeriebene Schale und Saft von
1/2 Zitrone
200 g Mehl
1/2 Pck. Backpulver
1 EL Rum
Butter zum Einfetten und
Bestreichen der Backform
Puderzucker zum Bestäuben

Zubereitung
Äpfel schälen, halbieren, entkernen. An der gewölbten Seite mehrmals einschneiden, mit Zitronensaft bestreichen, mit Zukker bestreuen.
Butter mit dem Zucker verrühren, Eigelb, Zitronenschale und -saft zugeben und schaumig rühren. Mehl mit Backpulver mischen, abwechselnd mit Milch unterrühren, Rum zugeben, Eischnee unterheben. Den Teig in die gefettete Form füllen. Apfelhälften (Wölbung nach oben) hineindrücken, mit Butter bestreichen.
Im vorgeheizten Backofen – mittl. Schiene – 35 – 40 Min. backen.
E = 180°, Gas = gut Stufe 2.
Den erkalteten Kuchen mit Puderzucker bestäuben.
Rezept von den
Landecker Landfrauen

Zitronen-Apfelbrot

Zutaten
500 g Mehl
1 Pck. Hefe
3 TL Zucker
1 1/2 TL Salz
abgeriebene Schale einer Zitrone
150 g Crème fraiche oder Crème double
50 g zerlassene, abgekühlte Butter
1/8 l lauwarme Milch
1 mittelgroßer Apfel – grob geraspelt, mit Zitronensaft beträufelt
2 EL feingeschnittene Zitronenmelisse
Sesam zum Bestreuen,
Fett für die Form

Zubereitung
Hefeteig kneten, dann die Apfelschnitzel unterheben, 4 gleichgroße Kugeln formen und in eine gefettete Springform setzen. Ca. 1 Stunde gehen lassen. Teigoberfläche mit Wasser bestreichen und mit Sesam bestreuen.
45 Minuten im vorgeheizten Ofen bei ca. 200° backen.
Rezept von Gertrud und Hans Stöckl

Apfeltorte mit „Schwips“

Zutaten Teig

250 g Mehl
125 g Butter
125 g Zucker
1 Ei
1/2 Pck. Backpulver

Zutaten Belag

1 kg Äpfel
1/4 l Apfelwein
Zucker nach Belieben
3 Pck. Tortenguß klar
3 Becher Schlagsahne
2 Pck. Vanillezucker
Krokant und Zitronenmelisse zum Verzieren

Zubereitung

Aus den Zutaten einen Knetteig bereiten, in zwei Hälften teilen und zwei Böden backen. Backzeit 20 Min. bei 200°. Äpfel schälen, Kerngehäuse entfernen und in Scheiben schneiden. Im Apfelwein dünsten und mit dem Tortenguß andicken. Diese Masse auf den ersten Boden füllen. Sahne steifschlagen und auf die ausgekühlte Apfelmasse streichen. Etwas Sahne zurücklassen. Dann den zweiten Boden darauflegen und die Torte rundherum mit Sahne bestreichen. Die Tortenstücke markieren und auf jedes Stück einen Sahnetupfer spritzen. Mit einem Blättchen Zitronenmelisse verzieren und die Torte mit Krokant bestreuen. Vor dem Servieren kühlstellen.

Rezept von Christa Gombel

Käse-Apfelkuchen auf dem Blech

Teig

(siehe gedeckter Apfelkuchen, Seite 93)

Zutaten Käsemasse

3 Pfund Magerquark
3 EL Öl
200 g Zucker
1 Vanillezucker
1 Vanillepudding

Zubereitung

Die gut verrührte Käsemasse auf dem Hefeteig verstreichen. Geschälte Äpfel spalten, auf der Käsemasse verteilen. Bei 200° 30 Minuten backen. Den ausgekühlten Kuchen mit einem klaren Tortenguß (anstatt mit Wasser, mit Apfelsaft zubereitet) überziehen.

Rezept von Else Heil

Apfel-Knoten (Äppelferz)

Zutaten

5 große Äpfel
Zitronensaft
500 g Mehl
70 g Zucker
70 g Margarine
1 Tasse warme Milch
1 Ei
1 Prise Salz
40 g Hefe
Zimt
Vanillezucker

Zubereitung

Äpfel waschen, vierteln und in wenig Wasser mit etwas Zitronensaft im geschlossenen Topf so lange garen, bis sie ganz weich sind. Durch ein Sieb streichen und nach Bedarf süßen.

Hefe in warmer Milch auflösen und mit Zucker, Margarine, Ei, Salz und Mehl zu einem geschmeidigen Teig kneten. An einem warmen Platz zugedeckt gehen lassen.

Den Teig in 10 gleich große Stücke teilen und diese jeweils zu ca. 25 cm langen Rollen formen. Die Rollen zu Knoten verschlingen und nochmals etwas gehen lassen. Die Teigknoten in der Friteuse ausbacken und abtropfen lassen. Teigknoten mit dem Apfelmus füllen und in einem Gemisch aus Zucker, Zimt und Vanillezucker wälzen.

Rezept von Renate Osburg

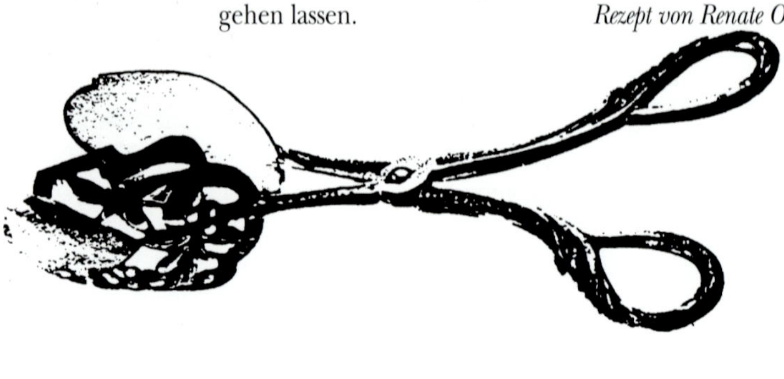

Fruchtige Apfelbowle

Zutaten

1 mittelgroßer Apfel
1/8 l Apfelsaft
1/8 l Apfelwein
4 cl Apfelkorn
1 Flasche halbtrockener Sekt
1 Messerspitze Zimt, gemahlen
1 TL Zucker

Zubereitung

Apfelsaft, Apfelwein und Apfelkorn in das Bowlengefäß geben. Den Apfel entkernen, mit der Schale achteln und in gleich große Stücke schneiden. Danach diese in die Flüssigkeit geben und alles miteinander vermischen. Mit Zimt und Zucker abschmecken und über Nacht ziehen lassen.
Mit Sekt auffüllen und gleich servieren.

Serviervorschlag: Schön sieht die Bowle aus, wenn sie in einem hochstieligen Weinglas serviert wird. Zur Vervollkommnung kann man noch mit einer Spirale aus Apfelschale, die über den Glasrand hängt, garnieren.

Rezept von
Frano Gavranic-Schollmayer

Calvados Egg-Nog

Zutaten

1 cl Calvados
2 cl roten Portwein
1 Eigelb
1 Kaffeelöffel Zucker

Zubereitung

Die Zutaten in einen Shaker füllen und ca. 2 Min. shaken. Serviert wird mit einem Strohhalm im Glas, dekoriert mit gemahlenen Haselnüssen und Minzblatt.

Rezept von Robert Parker

Carlotta

Zutaten

8 Schnapsgläser Apfelsaft
8 Schnapsgläser Selleriesaft
8 Schnapsgläser Karottensaft
4 Spritzer Zitronensaft
4 TL gehackte Petersilie

Zubereitung

Alle Zutaten in einem Glas miteinander verrühren. Kalt, aber ohne Eis, servieren.

Rezept von den
Landecker Landfrauen

Apfelweincocktail

Zutaten

2 cl Calvados
etwas Läuterzucker
Apfelwein

Zubereitung

Den Calvados mit Läuterzucker mischen und mit Apfelwein auffüllen.

Serviert wird in einem Cocktailglas mit Strohhalm, dekoriert mit einer Apfelscheibe und einem Minzblatt.

Rezept von Robert Parker

Treuschs Apfeltrunk

Zubereitung

Frischer Apfelmost wird mit einem Apfelbrand auf einen Alkoholgehalt von ca. 17 % vermischt. Er kann ganz frisch verwendet werden oder dann nach einer Lagerung von 3 - 4 Monaten, nachdem sich alle Trübstoffe gesetzt haben. Danach wird er abgefiltert. Er soll gut gekühlt serviert werden. Nur als Aperitif verwenden, da der Alkoholgehalt doch recht hoch ist. Durch die noch vorhandene Restsüße ist der Apfeltrunk sehr süffig.

Rezept von Armin Treusch

Apfelpunsch

Zutaten

100 g getrocknete Apfelringe
1/2 l Weißwein
1/8 l Rum
2 Zimtstangen
Saft von 2 Orangen
4 EL flüssiger Honig

Zubereitung

Apfelringe, Wein, Rum und Zimtstangen in einen Topf geben. Den durchgesiebten Orangensaft dazu und alles langsam erhitzen (nicht kochen). Gläser mit 1 EL Honig füllen und mit dem heißen Punsch auffüllen.

Rezept von den
Landecker Landfrauen

Hessenröte

Zutaten

2 cl Campari
2 cl Calvados
2 cl Grand Marnier
4 cl Orangensaft

Zubereitung

Die Zutaten mit Eiswürfeln verrühren. In einem Cocktailglas mit Strohhalm servieren, garniert mit einer Scheibe Ananas.

Rezept von Robert Parker

Apfel-Tee

Zubereitung

Unbehandelte, gewaschene Äpfel schälen und die Schalen an einem Bindfaden trocknen lassen.
Die trockenen Schalen mit Wasser aufkochen und 10 Minuten ziehen lassen.

Rezept von den
Landecker Landfrauen

Heißer Apfelwein

Zutaten

1 1/2 l Apfelwein
3 Nelken
1/2 Zimtstange
1 Zitrone
Zucker nach Bedarf

Zubereitung

Apfelwein mit Nelken, Zimtstange und Zitronenscheiben bis zum Siedepunkt erhitzen. Dann den Apfelwein vom Herd nehmen, Zucker nach Geschmack zufügen. Im Winter hilft der heiße Apfelwein gut gegen Erkältungen!

Rezept von den
Landecker Landfrauen

Großmutters Äppelküch'

Mer schwätzt ja so gern von der „gude alte Zeit".
Wo die Bratäppel im Rohr geknistert habbe und die Äppelschnitz uffem Disch gelege sind! Dabei derf mer abber net vergesse, daß grad' bei uns in Hesse die meiste Leut net viel zum Beiße hatte!

Unsere Vorfahren mußten mit dem, was ihnen Felder und Obstbaumwiesen im Herbst schenkten, sehr sparsam umgehen. Was sich verkaufen ließ, brachte man auf den Markt, um Geld für das zu bekommen, was man selbst zukaufen mußte: Schuhe, Kleidung, Geräte für die Landwirtschaft.

So blieben „damals" auch nicht einfach die Äpfel auf den Streuobstwiesen liegen und verfaulten. Sie wurden sorgsam aufgelesen. Und manch einer, der wenig Bäume hatte, war froh, wenn ihm der Nachbar erlaubte, die Früchte unter dessen Baum aufzulesen oder von den Zweigen zu holen.
Äpfel waren für vieles gut. Deshalb war es schon ein Luxus, wenn ein Kind ein paar Äpfel zum Essen geschenkt bekam! Manche der Älteren erinnern sich noch daran, daß es zum Weihnachtsfest als Geschenk Äpfel und ein paar Plätzchen gab. Und wie haben sich die Kinder über die rotwangigen Äpfel gefreut!
Mit den Äpfeln wurde in der „schlechten alten Zeit" hausgehalten wie mit den anderen Lebensmitteln auch. Die Apfelernte wurde zum größten Teil eingekellert, eingemacht, zu Hausmacher-Äppelwoi gepreßt oder getrocknet. Dieses Trockenobst diente im Winter als Grundlage oder Zutat für Apfelsuppen und Eintöpfe. Und manchmal wurde damit auch ein Kuchen belegt.
Apfelkerne, Apfelschalen und Kerngehäuse warf niemand in den Müll, sondern man wusch sie sorgfältig und trocknete sie für Tee. Aus den Apfelkernen

durften die Kinder auch Ketten fädeln – als hübscher Schmuck hielt er jahrelang, die Kerne wurden richtig fest wie kleine Steine. Mancherorts hängten die Frauen auch Apfelkernketten an den Weihnachtsbaum.

Ja – und dann wurde natürlich eingekocht: Apfelschnitze im Glas, Apfelmus, Apfelhonig, Apfelgelee oder Apfelmarmelade. Da standen sie dann säuberlich nebeneinander im Kellerregal, die mit Liebe und Stolz bereiteten Kostbarkeiten, die noch bis in den nächsten Sommer hinein reichen mußten. Denn den nächsten Apfelsegen gab es ja erst wieder im Herbst. Wie heißt da auch der hessische Spruch:

„Von Ostern bis Pingste hat der Bauer am wingste" – denn da waren die Wintervorräte spätestens aufgebraucht.

Äppelringe trocknen:

Getrocknete Apfelschnitze und Apfelringe waren schon bei unseren Vorfahren beliebt. In vielen Familien gehörten sie zum Wintervorrat. Heute sind solche getrockneten Äpfel übrigens ein guter Energiespender auf Reisen. Sie besänftigen den Heißhunger und fördern die gute Verdauung.

Nur unbeschädigte, nicht überreife Äpfel eignen sich zum Trocknen.

Außerdem sollten die Äpfel bereits einige Wochen gelagert sein, damit sich während dieser Reifung noch das volle Aroma entwickeln kann. Winteräpfel eignen sich darum besser als die frühen oder mittelfrühen Apfelsorten.

Die Äpfel kann man mit oder ohne Schale trocknen, doch müssen Kerngehäuse und Stengel entfernt werden. Dann die Äpfel entweder in gleichmäßige Schnitze schneiden oder in Ringe, die jeweils ca. 1/2 cm dick sein sollten.

Großmutters Tip: Damit die geschälten Äpfel nicht braun werden, kann man sie in eine leichte Salzlösung tauchen (ein Kaffeelöffel Salz auf einen Liter Wasser). So bleiben die Apfelschnitze und -ringe hell.

Die Schnitze trocknete man früher auf einer „Darre", einem Holzrahmen, der mit einem luftdurchlässigen Weidengeflecht gefüllt war. Diese Darren legte man an einen warmen, trockenen Platz im Haus oder ließ die Apfelschnitze auch mit der letzten Hitze des Dorf-Backofens nach dem Backen über Nacht trocknen. Wer die Äpfel an der Luft trocknen will, darf sie nicht in die pralle Sonne legen, sonst werden die Früchte strohig.

Wer die Schnitze im Backherd trocknet, sollte dabei die Temperatur nicht über 60 Grad einstellen. Im Backherd dauert das Trocknen ca. 10-24 Stunden.

Die Apfelringe kann man auch auf eine kräftige Schnur aufziehen und in die Nähe einer Heizung hängen. Handwerklich Begabte zimmern sich ein Trockengestell aus Holz, auf dem die Apfelringe auf dünne lose Rundhölzer aufgezogen trocknen können. Der Vorteil dieser Methode ist, daß die Luft bei einem solchen Holzgestell von allen Seiten an die Apfelringe dringt, so können die Äpfel schneller trocknen. Nach 4 Tagen sind die Apfelringe trocken und werden nun bei Zimmertemperatur zum Nachtrocknen gelegt, bevor sie endgültig in Gläser mit Schraubverschluß gefüllt oder in luftdurchlässigen Beuteln aufgehängt werden – als Wintervorrat. Das Gestell auf unserem Foto konstruierte Herr Lenz aus Heusenstamm. Er ist Kleingärtner und erntet so viele Äpfel in seinem Garten, daß er im Herbst sein Trockengestell mehrfach mit Apfelsegen füllen kann.

Und wenn mer dann sein gederrte Äppel verwende will – zum Koche oder fier de gude Nachdisch, dann muß mer die Schnitze oder Ringe zwelf Stunde in Wasser quelle lasse! Des Einweichwasser dud Ihr awwer net weggieße, des kann mer beim Koche gut verwende!

Äppelmus:

Für Großmutters Äppelmus kann man auch leicht beschädigte oder überreife Äpfel verwenden. Die Äpfel – möglichst verschiedene Sorten – werden geschält und grob zerteilt. Die Schale darf dranbleiben, doch faule und fleckige Stellen müssen herausgeschnitten werden. In jedem Fall auch das Kerngehäuse entfernen (man kann es für Tee trocknen). Die Apfelstücke mit wenig Wasser oder Apfelsaft bei sehr schwacher Hitze kochen und dann pürieren. Das Apfelmus mit etwas Zitronensaft würzen. Wer Apfelmus einwecken will, gibt pro Kilo Apfelmus 75 bis 150 Gramm Zucker zu.

Einkochzeit: 90 Minuten bei 90 Grad.

Rötlich wird das Apfelmus aus rotbackigen Äpfeln; wer's lieber hell hat, sollte helle Apfelsorten wählen und die Apfelstücke vor dem Kochen in eine leichte Salzlösung tauchen.

Frisch gekochtes Apfelmus kann man übrigens auch sehr gut einfrieren. Es schmeckt dann aufgetaut wie frisch aus dem Kochtopf.

Äppelmarmelade:

Also, natürlich haben viele Hausfrauen „ihr Rezept". Die Würze, die Mischung, die Apfelsorten – möglichst aus eigenem Garten – bestimmen die Lieblingsmarmelade oder das Lieblingsgelee für den Frühstückstisch. Manche Hessin aus Leidenschaft nimmt außer dem eigenen Mann auch noch die eigene Äppelmarmelade mit in Urlaub – damit ja alles so is „wie dahaam".

Pektinreiche Früchte wie Äpfel kann man gut auch ohne Zusätze verarbeiten, da das Pektin das Gelieren fördert. Kombinieren kann man Äpfel mit Hagebutten, Brombeeren, Holunderbeeren und sogar mit Vogelbeeren, die allerdings einmal Frost bekommen haben müssen, damit sie einen Teil ihrer Bitterkeit verlieren.

Das Grundrezept für alle, die Apfelmarmelade kochen wollen, soll nur der Grundstock für eigene Versuche sein:

Knapp reife Äpfel geschält oder ungeschält in Stücke schneiden. Stiel und Kerngehäuse entfernen. Die Apfelstücke mit wenig Wasser garkochen. Kurze Zeit stehen lassen, dann passieren und mit 1 Kilo Zucker auf 1 Kilo Apfelmus einkochen. Beim Kochen den Saft einer Zitrone pro Kilo zugeben – und Gewürze nach „Hausrezept". Die Marmelade heiß in Gläser abfüllen und verschließen.

Äppelkonfitüre:

1 kg säuerliche Äpfel schälen, entkernen und in Viertel schneiden. Apfelviertel in Essigwasser legen. Die Schalen und das Kerngehäuse in 1/4 Liter Wasser weichkochen und durch ein Sieb passieren. Genau 1/4 Liter davon abmessen und in einem Topf mit der geriebenen Schale und dem Saft einer Zitrone mischen. 1 kg Zucker unterrühren.

Alles aufkochen und die gewürfelten Apfelviertel zugeben. So lange kochen, bis die Stücke weich sind, aber NICHT ZERFALLEN!

1/2 Flasche flüssiges Geliermittel einrühren, brausend aufkochen und heiß in Gläser füllen.

Äppelgelee:

Äpfel im Entsafter entsaften und den Saft erkalten lassen. 1 Päkchen Gelfix mit knapp 1 l Saft und 2 Esslöffel Zucker vermischen und aufkochen. Nun den restlichen Zucker zugeben

und 1 bis 2 Minuten kochen lassen. Heiß in Gläser füllen!

Apfelhonig:

„Honig der armen Leut" nannte man früher den Apfelhonig, den man heute hin und wieder kaufen kann: Als „Apfelkraut" oder „Apfeldicksack" wird er in manchen Geschäften angeboten. Früher war der Apfelhonig vor allem dort verbreitet, wo man den Bienenhonig auf dem Markt verkaufte, um ein wenig Zubrot zu verdienen.

Apfelhonig kann aus ganzen Äpfeln oder aus Apfelsaft gekocht werden. Nach dem Kochen werden die Früchte bzw. der Saft so lange bei niedriger Temperatur eingedämpft, bis die Masse allmählich dickflüssig wird. Wichtig ist dabei – wie beim Quetschemus – das stetige

Rühren, damit nichts anbrennt. Allerdings sollte die Masse auch nicht zu lange gekocht werden, sonst wird sie leicht zäh!

Zur Probe kann man einen Teelöffel heißen Saft in eine Schale mit kaltem Wasser laufen lassen. Sinkt der heiße Saft gleich zu Boden, ist der Apfelhonig fertig und kann in Gläser abgefüllt werden.

Man kann den dickflüssigen Saft aufs Brot streichen oder ihn auch zum Süßen beim Kochen oder Backen verwenden.

Apfelessig:

Unsere Vorfahren stellten Apfelessig ganz einfach her: sie stellten Apfelsaft an einen warmen Ort. Dort wurde er durch den Einfluß der natürlichen Essigbakterien der Luft von ganz alleine zu Apfelessig! Heute macht sich kaum mehr jemand die Mühe, den Essig selbst zuzubereiten, weil man ihn ja auch preiswert kaufen kann. Doch das Ergebnis und die Erfahrungen, die man dabei macht, lohnen die Mühe. Der selbstbereitete Essig ist ein „lebendiger“ Essig, der nicht wärmebehandelt ist wie der Apfelessig im Handel.

Wer heute Apfelessig selbst herstellen möchte, benötigt Äpfel, die frei von chemischen Schädlingsbekämpfungsmitteln sind und frei von Rückständen durch Kunstdünger. Als Gärtopf dient ein größerer Steintopf, der ausschließlich zur Essigbereitung genommen wird. Ausgangsprodukt ist Apfelsaft oder auch fein geriebene Äpfel, die nach vier Wochen durchgeseiht werden.

Die Gärung des Saftes im Steintopf kann man beschleunigen durch die Zugabe eines Stückchens Sauerteigbrot oder einfach auch durch den Bodensatz von altem, selbstgemachtem Essig. Je saurer die Äpfel oder der Apfelsaft sind, desto schneller ist der Apfelessig fertig.

In den Steintopf zum Apfelsaft ein Viertel der Menge an Wasser zugeben, sonst wird der Essig zu konzentriert.

Dann den Topf mit einem dünnen Stück Leinen verschließen. Die Luft – und mit ihr die natürlichen Essigbakterien – soll durchdringen, doch die kleinen Essigfliegen, die recht bald angelockt werden, müssen draußen bleiben.

Beginnt die Gärung, muß der Sud einmal in der Woche umgerührt werden. Allmählich wird die Flüssigkeit klar und muß nun nur noch durch eine Mullwindel geseiht werden.

Dann kann man den Apfelessig auf Flaschen ziehen und dunkel aufbewahren. Achtung: Nicht vergessen, vor dem Abfüllen den Bodensatz für die nächste Essigzubereitung herauszunehmen!

Natürlich kann man den Apfelessig aber auch fertig kaufen und ihm dennoch noch manche Eigenheit abgewinnen. Lohnend ist zum Beispiel die Herstellung von Kräuteressig: Apfelessig gemischt mit Dill, ein paar Zwiebelscheiben, Salbei, Estragon oder Minze. Die Kräuter sollten gewaschen, getrocknet und leicht angewelkt sein, bevor man sie in den Apfelessig hineingibt.

Apfelessig ist eine Delikatesse in der Küche: in Salaten, in Suppen. Und der Apfelessig macht schwer verdauliche Speisen wie Bohneneintöpfe oder Linsensuppen leichter verträglich.

Eine Apfelessig-Kur dient der Entschlackung und reguliert Nierenleiden: Zweimal am Tag sollte man dabei nüchtern ein Glas Wasser trinken, in dem 1 TL Apfelessig und 1 TL Honig gelöst sind.

Auch in der Krankenpflege hat der Apfelessig seine Bedeutung: Eine Tasse mit Apfelessig im Zimmer eines kranken Menschen macht die Luft frischer. Fiebersenkend wirkt ein kalter Wadenwickel mit Essigwasser.

Tips aus der Küch' der Landfrauen

Des erleichtert Ihne den Einkauf von Äppel:

1 kleiner Apfel wiegt ca. 100 g
1 mittelgroßer Apfel wiegt ca. 125 g
1 großer Apfel wiegt ca. 150 g

Damit die Äppel net braun werde:

Geschälte Äpfel verfärben sich nicht, wenn sie kurz in Salzwasser getaucht werden. Keine Angst, das Aroma verändert sich dabei nicht. Man kann die Apfelstücke auch in eine Mischung aus Wasser und Essig legen.

Geraspelte Äpfel mit Zitronensaft mischen, dann werden sie nicht braun.

Vor Braunfärbung beim Apfelmus schützt auch 1/2 Teelöffel Ascorbinsäure, die pro 1 kg Apfelmus beim Einkochen dazugegeben wird.

Äppel rege an:

Eine Schale mit reifen Äpfeln in die Nähe von knospenden Zweigen gestellt, treibt diese zu schneller Blüte an.
Das kann man zum Beispiel mit den Barbarazweigen im Dezember ausprobieren. Auf Schnittblumen dagegen wirkt der ausströmende Apfelduft eher störend: sie welken schneller.

Nix anbrenne lasse!

Wer Äpfel zu Kompott kocht, sollte sie während des Dämpfens nicht umrühren. Sie sinken sonst zu Boden und können anbrennen!

Wie lang muß mer Äppel koche?

Die Garzeit für mürbe oder feste Äpfel ist unterschiedlich lang. Mürbe Äpfel in Wein oder Wein mit Wasser gekocht, brauchen gut 5 Minuten, um gar zu werden. Bei festem Fruchtfleisch brauchen die Äpfel 10 bis 15 Minuten Kochzeit.

Äppel gegen Mückenstiche:

Nach einem Insektenstich sofort eine frische Apfelscheibe auflegen. Der Stich schmerzt dann weniger.

Un wenn die Äppel runzlich sind?

Runzlig gewordene Äpfel lassen sich leichter schälen, wenn man sie einige Minuten lang in heißes Wasser legt.

Brot un Äppel:

Brot und Brötchen bleiben im Brotkasten länger frisch, wenn ein Apfel zum Brot gelegt wird. Auch hartgewordene Plätzchen werden wieder weich, wenn man in die Plätzchendose ein Apfelstückchen legt.

Noch en guder Rat zum Äppelkuche:

Apfelkuchen werden aromatischer, wenn man sie mit etwas Quittengelee oder Quittenkonfitüre bestreicht. Man kann auch von dem Quittenmus zwei Eßlöffel unter die Belag-Äpfel mischen.
Wenn beim Kuchenbacken der Teigboden schon gar ist, aber die Äpfel noch fest sind, dann stellt man ein Töpfchen mit kochendem Wasser in den Backofen. Hitze herunterschalten und den Kuchen bei milder Hitze im Wasserdampf nachbacken. So werden die Äpfel schnell weich und der Kuchenboden verbrennt doch nicht.

Äppelkunst

Wer mit einem Apfel dekorieren möchte – bei einer Einladung zum Beispiel oder auch bei einer jahreszeitlichen Dekoration in der Wohnung –, der kann einen Apfel mit scharfem Messer kunstvoll einschneiden.

Der Vogel wurde von Konditormeister Bernd Siefert aus Michelstadt geschnitten.

Ein anderer einfacher, aber wirkungsvoller Trick geht folgendermaßen: Man schneidet mit spitzem Messer einen Apfel rundherum im Zickzack ein. Achtung: der Schnitt muß wirklich bis ins Kerngehäuse gehen! Dann den Apfel mit beiden Händen greifen und vorsichtig an der Schnittstelle auseinanderziehen. Nun hat man zwei Apfelhälften, die fast wie eine kleine Krone aussehen. Sie machen sich nicht nur hübsch auf einem Tisch gemeinsam mit ein paar herbstlichen Zweigen, sondern sind als „halber Apfel" auch sehr praktisch zu essen.

Der kunstvoll geteilte Apfel läßt sich nämlich gut auf Wanderungen oder Reisen mitnehmen: er ist handlich geteilt und wird dennoch, wenn man ihn vorerst „als Ganzes" läßt, an den Schnittstellen nicht braun.

Mit Äpfeln weg vom Rauchen!

Es gibt Menschen, die sich mit Hilfe von Äpfeln das Rauchen abgewöhnt haben. Die Fruchtsäure im Apfel regt nämlich das Nikotin an, das bei Rauchern in den Darmschleimhäuten abgelagert ist. Pektin sondert das Nikotin ab und bringt es nach außen. Wenn ein Raucher 3 Tage lang nur Äpfel ist, kann er damit seinen Darm zu einem großen Teil von Nikotin-Giften reinigen.

Wer raucht, hat anfänglich unbewußt gegen den Genuß von Äpfeln eine große Abneigung.

Dafür schmeckt aber meist nach der Apfeldiät auch die Zigarette nicht mehr.

Ein guter Start, um auf das Rauchen dann ganz zu verzichten!

Apfelrohkost

Rezept von den Landecker Landfrauen

Zutaten

3 mittelgroße Äpfel, 6 EL Müsli, 2 EL Zucker, gut 1 Becher Joghurt, Haselnüsse und Rosinen nach Bedarf

Zubereitung

Äpfel reiben und mit den restlichen Zutaten verrühren.

Apfel-lutscher

Zutaten

1 Apfel, 200 g Zucker; außerdem: 4 ca. 10 cm lange Holzspieße

Zubereitung

Apfel vierteln, Kerngehäuse entfernen und in jedes Viertel ein Holzspießchen stecken. Dann den Zucker unter ständigem Rühren bei mittlerer Hitze schmelzen und goldgelb karamelisieren. Die Apfelviertel vorsichtig in die Masse eintauchen und dann erkalten lassen. (Tip: Aus der restlichen Zuckermasse lassen sich noch leckere Bonbons herstellen. Dafür das Karamel auf einen Teller gießen und nach dem Erkalten in Stücke brechen.)

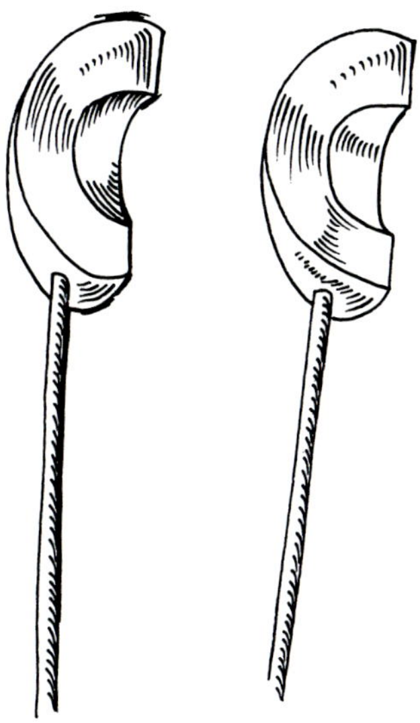

Apfel-Gelee-Lutscher

Zubereitung

Die Apfelviertel genau wie bei den Apfellutschern vorbereiten und einige Zeit kühl stellen. Dann eine Götterspeise (Kirsch- oder Zitronengeschmack) bereiten und die Apfelviertel kurz vor dem Gelieren in die gerade noch flüssige Götterspeise eintauchen. Im Kühlschrank fest werden lassen und den Vorgang noch drei- bis viermal wiederholen, bis die Äpfel mit einer schönen Geleeschicht überzogen sind.

Gesundheits„tips“ unserer Vorfahren – nicht ganz ernstzunehmen!

Wer am Ostermorgen, am Gründonnerstag, Karfreitag, Weihnachten oder an Pfingsten frühmorgens einen Apfel nüchtern verspeist, soll das ganze Jahr von Krankheiten verschont bleiben!

Gegen Fieber soll man einen mit Pfefferkörnern gespickten Apfel verzehren.

Ein geschälter Apfel nach oben zu geschabt, erregt angeblich Erbrechen, ein Apfel zum Stiel hin geschabt, stoppt den Durchfall.

Gegen Schwindsucht soll es nützen, einen Apfel zu essen und dabei zu sprechen: Apfelbaum, ich tu dir klagen, die Schwindsucht tut mich plagen, der erste Vogel, der über dich fliegen tut, benehme mich der Schwindsucht gut.

Gegen Zahnweh soll helfen, in der Osternacht zu einem Apfelbaum zu wandern, den rechten Fuß gegen den Stamm zu stemmen und zu sprechen: Neu Himmel, neu Erde, Zahn, ich bespreche dich, daß du mir nicht schwellst, bis wieder Ostern wird!

Vom Rebstoc

Das Rhein-Main-Gebiet war im Mittelalter vom Weinbau geprägt. An den Taunushängen, am Sachsenhäuser Berg, ja auch in der ausgedehnten Ebene zum Rhein hin, wuchsen Trauben und wurden zu Wein gekeltert. „Wingerte“ oder „Weingärten“ nannte man diese Anpflanzungen, im Gegensatz zu den „Weinbergen“ in den Gebirgslagen.

Noch manche Flur- und Straßenbezeichnung in den Städten des Rhein-Main-Gebietes erinnern an den ehemaligen Weinbau. Im so apostrophierten Apfelweinparadies Sachsenhausen lebten noch um 1850 rund 300 Familien vom Weinbau.

Der Wein der hiesigen Region war Haustrunk ohne besondere Qualitätsansprüche. „Der Wein vom Rhein ist immer gut, der Moselwein nicht schaden tut, der Neckarwein ist auch noch recht, Frankfurter Wein ist immer schlecht“, lautete ein vielzitierter Spruch. Wer es sich leisten konnte, trank Rheingauer Wein oder Frankenwein, den „Wirtzburger“, den Goethe über alle Maßen schätzte.

Der Weinbau hierzulande war ein schweres Geschäft. Die Verwüstungen im Zuge des 30jährigen Krieges machten auch vor den Wingerten nicht halt und vergällten manchem Weinbauern die Neuanpflanzung. Auch der sich ändernde Geschmack der Bevölkerung dürfte eine maßgebliche Rolle gespielt haben, daß der Weinbau zurückging. Ausschlaggebend für das Ende war allerdings die ungünstige Witterung. 1737 hatte ein Hagelschlag die meisten Rebkulturen verwüstet, und 1781, 1788 bis 1790 waren sehr harte Winter zu verzeichnen, so daß die Weinstöcke erfroren.

In der ersten Hälfte des 18. Jahrhunderts setzte bereits die Kultivierung des Obstbaues ein, wie sie vorher nicht bekannt war. 1718 und 1721 wurden an der Landstraße von Frankfurt a.M. nach Darmstadt zahlreiche Obstbäume gepflanzt. Viele Wingertbesitzer pflanzten zwischen die Reben immer mehr Obstbäume. Es waren Zwetschgen, Pfirsiche,

Blick von der Mühlberg-Terrasse auf Sachsenhausen und Frankfurt
Auf dem Röderberg hatte Großvater Goethe einen Weinberg

gezeichnet von Johann Kaspar Zehender, 1764

um Apfelbaum

Aprikosen, Nußbäume und vor allem Apfelbäume. An der Bergstraße nutzte man die Zwischenräume zwischen den Rebzeilen gar zur Anlegung von Spargelkulturen. Johann Ludwig Christ, seit 1786 Pfarrer in Kronberg, ist es zu verdanken, daß sich für den abnehmenden Weinbau ein wirtschaftlicher Ausgleich fand. Seine Veröffentlichungen über Landwirtschaft und Obstbau hatten überregionale Bedeutung.

Bereits in dieser Zeit stand der Obstbau in der hiesigen Region in voller Blüte. Es war nicht zu vermeiden, daß sich bald ein Überfluß an Obst abzeichnete. Der Goethefreund Johann Heinrich Merck aus Darmstadt, der in Arheiligen eine „Ökonomie" betrieb, schrieb 1779 an Wieland: „Unser Obst ist unzählich dieses Jahr und um ein Spottgeld zu haben. Die Leute haben beynahe alle Cydre daraus pressen müssen. Allein der Wein wird theuer und zwar ungeheuer." Angebot und Nachfrage regelten also die Preise.

Die Schilderung Mercks deckt sich mit der Feststellung in der „Flora der Wetterau", die G. Gärtner, B. Meyer und J. Sherbius 1799 – 1801 in vier Bänden herausbrachten. Hier lesen wir: „In unserer Gegend, vorzüglich um Frankfurt, Offenbach, Hanau etc., wird seit einigen Jahren eine ungeheure Menge Apfelwein gemacht." Folgerichtig ist auch die Passage in dem Buch „Skizzen von einer Reise in Briefen an seinen Freund" von Johann Ludwig Deinhardstein, welches 1831 in Wien erschienen ist: „Von Hanau aus, einer reinlichen, schön gebauten Stadt mit breiten Straßen, führt der Weg nach Frankfurt fast ununterbrochen an Apfelbäumen vorüber, welche die Früchte zu dem Apfelwein liefern, der in der ganzen Gegend von Frankfurt getrunken wird."

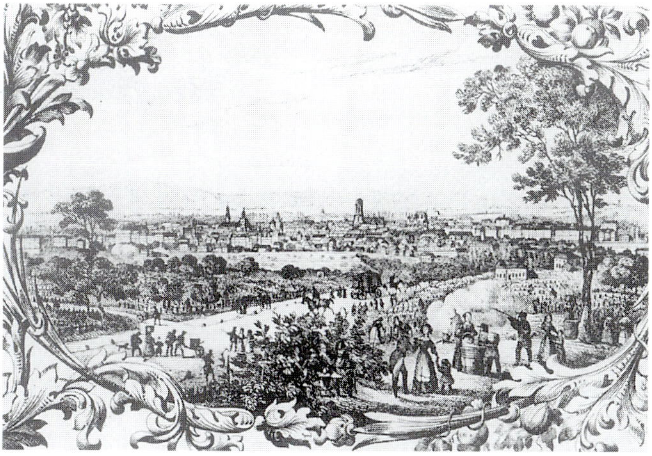

Weinlese auf dem Sachsenhäuser Berg

Frankfurter Kalender ca. 1842

Paradies Streuobstwiese

Wer es sich im Spätsommer schon einmal auf einer hessischen Streuobstwiese gemütlich gemacht hat, merkt: Man braucht keinen Picknickkorb – der Apfel fällt einem direkt auf die Decke! Und man braucht auch gar keine zusätzliche Unterhaltungsmusik – denn um einen herum brummt, summt, zwitschert und krabbelt es. Schon ein einziger Apfelbaum auf der Streuobstwiese kann mehr als 3.000 verschiedenen Tier- und Pflanzenarten Nahrung und Lebensraum bieten.

Der Streuobstanbau in Hessen läßt sich bis ins 17.Jahrhundert zurückverfolgen. Nach dem 30-jährigen Krieg entstanden vielerorts Streuobstwiesen anstelle der vorherigen Anlagen mit Weinreben. Teilweise wurde der Obstanbau sogar gesetzlich verordnet. So befahlen die Markgrafen von Ansbach 1691 den Haus- und Hofbesitzern, mindestens zwei Obstbäume auf ihren Grundstücken zu pflanzen und dazu jährlich einen Baum auf die Gemeindewiese zu setzen.

Die Blütezeit der Streuobstwiese war um die Jahrhundertwende. Seit 1894 wurde der Obstanbau sogar staatlich gefördert – und das nicht ohne Grund. Die Bevölkerung war stark angewachsen, und auch die Stadtbevölkerung mußte mit Obst versorgt werden.

Bis in die 60er Jahre unseres Jahrhunderts blieb die Zahl der Streuobstwiesen konstant, doch dann kam der Niedergang. Die Europäische Union bezahlte sogar Rodungsprämien für alte Streuobstbestände und förderte die neue Form des Obstanbaus, die „Niederobstplantage". Der neue Apfel sollte schnell, billig und vereinheitlicht wachsen.

Der Appetit auf Äpfel wird inzwischen fast ausschließlich mit Früchten aus Apfelplantagen gedeckt. Obstplantagen jedoch sind intensiv bewirtschaftete Flächen, vorwiegend mit Halb- oder Niederstämmen. Die schwieriger abzuerntenden Hochstämme werden dabei immer weiter verdrängt.

Gab es noch in den 60er Jahren rund 3,5 Millionen Obstbäume in Hessen, so ist ihre Zahl bis heute auf rund 1 Million zurückgegangen. Außerdem haben sich die früher großen Streuobstwiesen längst auf kleine Parzellen verkleinert; heute finden wir statt weitläufiger Wiesen „Obstbaumgürtel" oder „Baumgärten" an Stellen, wo sich ein Gelände nicht anders nutzen ließ.

Erst in den letzten Jahren findet die Streuobstwiese wieder mehr Beachtung – vor allem durch den engagierten Einsatz von Naturschützern.

Der Obstbaum bietet Pflanzen und Tieren ein einzigartiges Biotop mit ganz unterschiedlichem Nahrungs- und Lichtangebot. Unmittelbar unter der Baumkrone wachsen Pflanzen mit niedrigem Licht- und höherem Mineralstoffbedarf. So findet man

hier den echten Nelkenwurz, die Taube Trespe, das Kletten-Labkraut, die große Brennessel, den Schwarzen Holunder.
In den besonnten Lücken zwischen den Obstbäumen dagegen wachsen die Pflanzen, die mageren, kalkhaltigen Boden und mehr Licht brauchen: Man trifft auf den knolligen Hahnenfuß, den Wiesen-Salbei, den kleinen Wiesenknopf, die Heide-Nelke, den Sauerampfer.
Wie artenreich die Besiedlung der Obstwiesen durch Tiere ist, zeigt eine Untersuchung, nach der man in Streuobstwiesen knapp 2.000 verschiedene Tierarten finden kann. 90% davon gehören zu den Käfern und Insekten. Viele davon sind wichtig zur Bestäubung der Blüten – wie die Hummeln, Mauerbienen oder Sandbienen.
Dazu kommen die Vögel, die am Boden brüten: Rotkehlchen, Nachtigall, Zilpzalp, Fasan, Goldammer und Baumpieper kann man in den Streuobstwiesen treffen und sie helfen tüchtig mit, die Schädlinge zu vertilgen.
In den Baumhöhlen nisten Fledermaus, Steinkauz, Wendehals, Grünspecht und Wiedehopf.

So sind die noch erhaltenen Streuobstwiesen nicht nur eine Augenweide für jeden, der harmonische Landschaften liebt, sondern sie bilden in unserer ökologisch verarmten Kulturlandschaft „artenreiche" Inseln. Gäbe es keine Streuobstwiesen mehr, dann müßte bei uns eine Reihe von Tier- und Pflanzenarten aussterben.

Ja, und nicht zuletzt gäbe es ohne die Streuobstwiesen auch keinen Äppelwoi mehr ! Denn aus Äpfeln, die in einer Plantage wachsen, läßt sich ja bekanntlich kein gutes Stöffche keltern.
Zur Erhaltung der Streuobstwiesen sind schon einige Schritte getan: So unterhalten u.a. Vereine und Schulen Patenschaften für bestimmte Obstbäume. Die Verantwortung wird sogar in einem Vertrag geregelt.

In Pflanzaktionen werden Streuobstwiesen bepflanzt oder weitere Streuobstwiesen angelegt.
Die Kampagne „Rettet die Obstwiesen“ des Naturschutzzentrums Hessen will mit solchen Aktionen das Verständnis für die Streuobstwiese wecken.
Durch Hessen führt auch die „Hessische Apfelwein- und Obstwiesenroute“, die sich entlang besonders schöner Streuobstwiesen schlängelt. Das erste Stück ist 60 Kilometer lang und lädt vor allem zum Wandern und Radfahren ein. Das Zeichen „Roter Apfel mit grünem Pfeil“ führt auch zu gastronomischen Betrieben, Keltereien und zu direkt vermarktenden Landwirten.

Keltern ist eine Kunst!

Also, wenn's Stöffche schmecken soll, muß es auch richtig gekeltert sein! Voraussetzung für guten „Äppelwoi" sind die Äpfel von heimischen Streuobstwiesen. Das ist übrigens auch der Grund dafür, daß der Apfelwein aus unterschiedlichen Regionen ganz unterschiedlich schmecken kann – eben darum, weil auf den Streuobstwiesen verschiedenste Apfelsorten vorherrschen! Aus einem süßen, kraftlosen Apfel kann kein richtiger Schoppen werden.

Der Charakter des Apfelweins wird durch Säure und Aroma geformt – und den bringen nur die Ernten der Streuobstwiesen in die Kelterei hinein!

Großer Rheinischer Bohnapfel, Bittenfelder, Brettacher, Schöner von Boskoop, Winterrambour, Geheimrat Dr. Oldenburg, Goldparmäne, Kaiser Wilhelm, Trierer Weinapfel, Renetten, Schafsnase ... das sind die Äpfel im farbenfrohen Streuobst-Reigen, die ein gutes Stöffche prägen.

Die Mischung macht's:

Genauso wichtig wie die Auswahl der Äpfel ist auch der richtige Zeitpunkt für die Ernte. Äpfel für die Presse dürfen nicht zu früh gepflückt werden. Sie müssen sich am Baum voll entfaltet

haben, dann erst bringen sie die besten Voraussetzungen mit für die Kelter.

Die Kelter braucht „ausgereifte Persönlichkeiten" und keine „halben Kerle"! Zu früh gepflückten Äpfeln fehlt's an Fruchtzucker, die Säure ist viel zu hoch, und auch die sonstigen Inhaltsstoffe müssen noch heranreifen.

Und nun schauen wir uns einmal um, was in einer Kelterei mit dem Apfel geschieht, z.B. bei Heils in Laubuseschbach. Christof Heil erläutert:

„Bei unserer Kelterei liegen die Äpfel gewissermaßen vor der

Tür. Unsere ganze Familie setzt sich dafür ein, daß in unserer Region, dem Gebiet zwischen Taunus und Westerwald, wieder viele Streuobstwiesen erhalten und auch neue angelegt werden. In den letzten fünf Jahren haben wir geholfen, ca. 15.000 Hochstamm-Apfelbäume anzupflanzen.

Im Herbst, wenn die Äpfel rote Backen bekommen, ist bei uns Hochbetrieb. Dann wird nämlich von früh morgens bis in den Abend hinein angeliefert. Mancher besitzt eine Obstbaumwiese, andere haben große Gärten mit Apfelbäumen. Bauern mit Traktoren bringen Hänger voller Äpfel, Pkw's bringen Säcke, und sogar die Kinder vom Kindergarten in Laubuseschbach karren regelmäßig ihre Äpfel im Bollerwagen zu uns, um gleichzeitig den frisch gekelterten Süßen zu probieren.

Auf einer großen Waage wird dann von unserem Keltermeister der Segen gewogen und in Apfelwein, Saft oder auch in bar ausgezahlt. Und nun purzeln die Äpfel – rote, grüne, gelbe, getupfte, gestreifte – hinein in die Apfelmühle. Auf dem Weg dorthin werden sie tüchtig gewaschen. Erdstücke, Grashalme

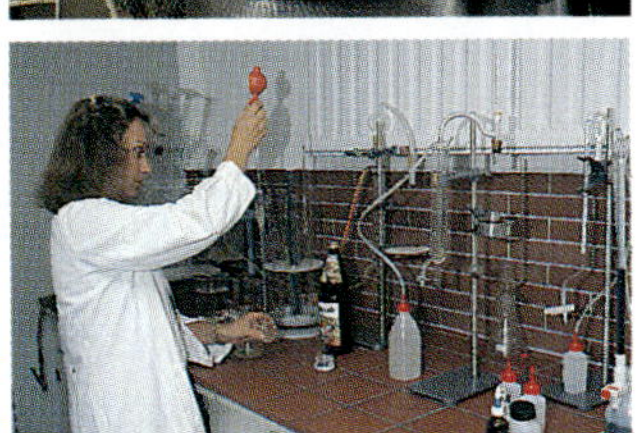

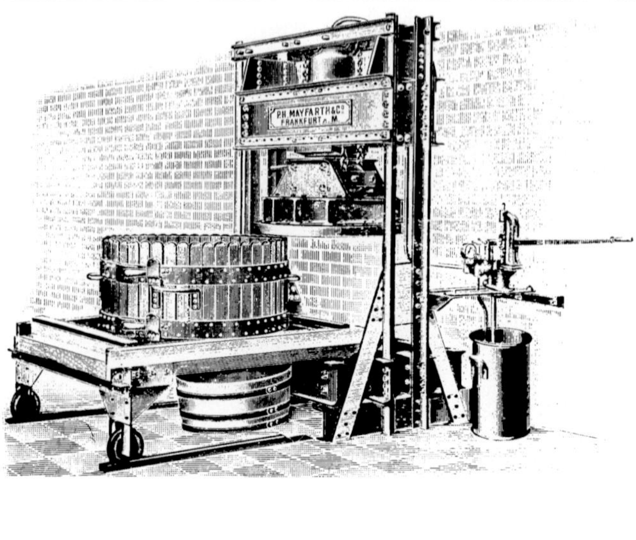

und Blätter spült dieses gründliche Apfelbad fort – und eventuelle „faule Brüder“ werden aussortiert.

In der Mühle werden nun die Äpfel zunächst grob gemahlen. Doch Vorsicht, ein Apfelmus soll nicht entstehen, denn aus zu fein zermahlenen Früchten läßt sich ja kein Saft pressen. Die sogenannte „Apfelmaische“ muß grobkörnig bleiben. In unserer Familienkelterei Heil geschieht natürlich das Pressen längst vollautomatisch; das hat den Vorteil, daß es sauber ist und schädlicher Luftkontakt weitgehend ausgeschlossen wird.

Über Siebe und Zentrifugen geht der Weg des ausgepreßten Apfelmosts weiter, er wird von groben Fruchtstücken befreit und schließlich in Gärtanks abgefüllt. Holzfässer und Kunststofftanks sind übrigens für eine längere Lagerung des Apfelweins nicht gut geeignet. Heute nimmt man aus Reinheitsgründen (Hygiene) Edelstahltanks.

Nachdem der Most in den Gärtanks ist, wird Reinhefe zugesetzt. Es geht natürlich auch ohne, dann beginnt die sogenannte „Spontangärung“, ausgelöst von den Hefen, die vom Apfel selbst herkommen. Ob nun von den Zigtausenden verschiedener Hefearten genau die Richtige am Werk ist, merkt man erst, wenn's zu spät ist. Ist der Apfelwein nicht ganz durchgegoren, etwas dunkel und schmeckt etwas müde und matt, dann hat man die falsche Hefe erwischt. Diese sogenannten „wilden Hefen“ oder „Apiculatushefen“

können so großen Schaden anrichten.
Ja, und nun beginnt der Most zu gären. Je nach Jahrgang und Jahreszeit hat er 45 bis 55 Grad Öchsle und einen Säuregehalt von 6 bis 9 g Apfelsäure im Liter. Den Fruchtzucker verarbeiten die Hefen zu Alkohol und Kohlensäure. Daß der Most arbeitet, hört man am Blubbern und Rauschen. Vier Wochen dauert die Hauptgärung, in der sich der „Äppelwoi" vom Geschmack und Gehalt her durch verschiedene Stadien verändert:
Vor der Gärung ist er noch der frische Apfelmost, der SÜSSE. Rotbraungolden steht er vor allem beim weiblichen Geschlecht in hoher Gunst. Und natürlich trinken Kinder gerne ihren „Süßen". Ein bis zwei Wochen nach dem Keltern ist der sogenannte RAUSCHER entstanden, ein gefährlich wilder Gesell. Er entspricht dem Federweißen beim Wein und zeigt von der Farbe ein strohiges Gelb. „Durchschlagende Eigenschaften" hat der Rauscher, deshalb meiden ihn manche Menschen.
Es gibt aber auch regelrechte „Rauscher-Experten", die sogar die geschmacklichen Feinheiten erkennen. Nach weiterer Gärung wird der Rauscher allmählich prickelnd, man nennt ihn nun den BIZZLER.
Und schon hat unser „Äppelwoi" sein nächstes Stadium erreicht und zeigt sich als neuer HELLER. Er schmeckt schon wie Apfelwein, wird von Tag zu Tag klarer und muß nun „von der Hefe gezogen werden".

Nach der Hauptgärung setzt sich die Hefe am Tankboden ab, der darüber stehende trübe Apfelwein wird abgepumpt – in Fachkreisen sagt man, er wird „abgestochen". Läßt man den Apfelwein zu lange auf der Hefe sitzen, dann wird er hefig, das heißt, die Hefe beginnt sich zu zersetzen, der Apfelwein kann Krankheiten wie einen „Böckser" oder ein „Mäuseln" bekommen. Früher nahmen viele Kelterer in Hessen den Apfelwein nicht von der Hefe, sondern zapften ihn je nach Bedarf direkt ab. Ein solcher Apfelwein war natürlich nicht lange lagerfähig. Die Redewendung „der Apfelwein darf seinen Geburtstag nicht erleben" rührt daher.

Wie beim Wein folgt nun auch beim „Äppelwoi" der Ausbau.

Schmeckt das Stöffche nach der Hauptgärung noch recht spitz, wird nun der Geschmack immer harmonischer. Wenn der Apfelwein nach der Gärung zur Ruhe kommt, ist der Kellermeister gefordert. Er muß auch in unserem Betrieb entscheiden, wie lange der Ausbau dauern soll. Die Zunge des Kellermeisters ist das wichtigste Instrument für den kundigen Äppelwoi-Ausbau. Unser Kellermeister muß mikro-

Die alten Fotos und Zeichnungen zeigen, wie es früher zuging beim Keltern, in der „guten, alten Zeit" ...
Heute sind zwar moderne Maschinen, Edelstahltanks, Getränketechnologie, Laborkontrollen usw. hinzugekommen. Doch die „handwerkliche" Kunst des Kelterns und der Kellerwirtschaft bestimmen nach wie vor die Qualität und den Charakter des Endprodukts, des Äppelwois und Apfelsafts.

biologische Veränderungen und Unstimmigkeiten auf den ersten Schluck erkennen können. Verantwortlich ist er auch für den Verschnitt, bei dem verschiedene Apfelweine verkostet und anschließend in Tanks miteinander vermischt werden.
Geschmacksfrage ist natürlich auch, ob man einen „naturtrüben" oder einen „klaren" Apfelwein haben möchte. Der Naturtrübe wird bei uns direkt nach dem Verschnitt in Flaschen abgefüllt, der Klare muß sich erst noch durch verschiedene Filter bequemen.
Der Apfelwein-Geschmack hat sich geändert in den letzten Jahrzehnten: Früher war der Apfelwein hart im Geschmack, zeitweise sogar richtig sauer, heute geht der Geschmackstrend hin zum milden Apfelwein. Das Stöffche soll reintönig, frisch, spritzig und sauber schmecken; viele lieben ihn auch sauer gespritzt, manche bevorzugen den süß gespritzten, also Apfelwein mit Limonade. Gut schmeckt auch Apfelwein halb und halb mit Apfelsaft gemischt. Und es gibt auch Apfelweinliebhaber, die sich einen „Herrengespritzten" bestellen – das ist ein Apfelwein mit Sekt gespritzt."

Und nun ist's an Ihnen, sich Ihren Apfelwein gut schmecken zu lassen – nach der Devise:

Morgens, Mittags und am Abend,
immerwährend schmeckt er gut,
immerwährend ist er labend,
immer gibt er Lebensmut ...

(nach F.C. Hiller)

Und der Apfelsaft?

Vieles, was für den Apfelwein gilt, muß natürlich auch bei der Herstellung eines guten Apfelsafts beachtet werden.
Die guten Äpfel der Streuobstwiese, die Sauberkeit beim Keltern und Lagern. Denn ein guter Apfelsaft (bzw. seine Äpfel) haben auch ihre Heimat und die sollte nicht allzuweit vom Verbraucher entfernt sein.
Apfelsaft ist ein hervorragendes Getränk für Jung und Alt. Sein niedriger Natrium-Gehalt (weniger als 20mg/l) und sein hoher Kalium-Gehalt (bis 1.500 mg/l) machen ihn für unsere Ernährung besonders wertvoll. Er ist vielseitig verwertbar, im Tee, mit Mineralwasser, zum Mixen usw.

Ein Apfelsaft, der von den Streuobstwiesen kommt, erfüllt auch einen ökologischen Nutzen. Nicht umsonst heißt es, Apfelsaft- und Apfelweintrinker sind Naturschützer.

Wie aus dem Äppelwoitreff in der Gaststätte die Kelterei Heil wurde.

Wann genau die Vorfahren der Heils ihren ersten Apfelwein in Laubuseschbach kelterten, läßt sich nicht mehr genau nachvollziehen.
Bekannt ist lediglich, daß um die Jahrhundertwende ein Adolf Heil in eine Laubuseschbacher Gastwirtsfamilie einheiratete, seinen Namen und seinen Spaß am Äppelwoi mitbrachte. Diese Wirtschaft war für die Leute in Laubuseschbach, die Landwirte, die Bergleute, *der* Treff in der Gemeinschaft. Hier sprach man über seine Sorgen und Freuden und erzählte sich die neuesten Dorfgeschichten.
Sicherlich wurde bei solchen Gesprächen in der Gastwirtschaft auch Apfelwein ausgeschenkt.

Nach dem 2. Weltkrieg war es schwierig bis unmöglich, noch Getränke für die Gastwirtschaft zu besorgen. Weil aber in Laubuseschbach die Kirmes nach dem Krieg endlich wieder gefeiert werden sollte, mußte natürlich zu diesem großartigen Ereignis etwas zu Trinken her!
Da weder Bier noch Schnaps zu bekommen waren, besannen sich die Heils auf ihre alten Tugenden und beschlossen, ab jetzt ihren Apfelwein selbst zu keltern, denn Streuobstwiesen gab es ja um Laubuseschbach genügend.
Um die technischen Voraussetzungen zu schaffen, mußte zuerst eine Presse her. Um sie zu finanzieren, machte sich die gesamte Familie auf, im Wald Patronenhülsen zu sammeln, die dort vom Krieg her überall herumlagen und als wertvolles Buntmetall mehr wert waren als bares Geld. Weil das Messing als „Gegenwert" noch nicht genug war, trennten sich die Heils auch noch von der besten Ziege im Stall. So wurde die erste Kelter der Kelterei Heil gegen eine Ziege und Patronenmessing eingetauscht.
Weil das „Heil'sche" Stöffchen so gut schmeckte, fanden sich bald

auch andere Wirte, die den Apfelwein für sich bestellten. Bis ins 20 km weit entfernte Weiltal wurde angeliefert – lange noch mit Pferd und Wagen.

Natürlich machte die Entwicklung auch vor der Kelterei nicht halt. Neben dem Apfelwein wurde bald auch Apfelsaft hergestellt; Bier und Mineralwasser wurden mit ins Verkaufsprogramm aufgenommen. Es ging voran, und die wirtschaftliche Entwicklung zeigte sich auch darin, daß 1958 ein neuer, mit Gas betriebener Opel-Blitz gekauft werden konnte.

Die kleine Gaststättenkelterei platzte aus den Nähten. Die Familie verlegte den Betrieb auf die „Eschbach" an den Rand des Dorfes. Ein Bau mit über 1.200 Quadratmetern entstand. Die Maschinen, die vorher im Keller und in der Kegelbahn des Gasthauses standen, sahen in der neuen Halle zunächst richtig verloren aus.

In den 60ern wurde der Bestand an Maschinen Stück für Stück erweitert: Flaschenspülmaschinen, Füller, Etikettierer... Die Krönung aller Anschaffungen aber sollte die neue Apfelpresse sein, die Chef Walfried Heil selbst in Bad Vilbel abholen wollte. Doch die Presse wog fast so viel wie sein Lastwagen. Die Folge war fatal: Die Achse des Lkw brach, und die über 6 Tonnen schwere Apfelpresse landete vom Auto direkt vor der Haustür des Polizeipräsidenten von Bad Homburg!

Heute gehören die Geschichten aus der Anfangszeit zu den gern erzählten Heil-Anekdoten, über die man schmunzelt. 12 Millionen Liter Apfelwein und Fruchtsäfte werden inzwischen jährlich ausgeliefert – doch achten die Heils nach wie vor darauf, daß der Betrieb überschaubar bleibt. Auch in der Werbung und der Kundenansprache legen die Heils Wert auf bodenständige Aktionen, die die Menschen miteinander in Kontakt bringen, und das Verständnis für die Natur und die ökologischen Kreisläufe fördern.

So gibt es eine spezielle großangelegte Aktion, das „Apfel-

jahr“ für Kindergärten, an der sich bereits über 200 hessische Kindergärten beteiligt haben. Jedes Frühjahr beginnt das Projekt mit einem „Apfeltag“, an dem ein alter Apfelbaum aus seinem Leben erzählt und eine Reihe typischer Tierarten vorstellt.

Die „mobile Kelter“ kommt dann immer im Herbst in den Kindergarten, und die Kinder können ihren eigenen Apfelsaft pressen.

Die „Pflanzaktion“ schließt das „Apfeljahr“ im Kindergarten ab. Zu besonderen Anlässen setzen die Heils auch ein vergnügliches „Apfeltheater“ ein, ein Puppenspiel zum Thema Obstwiesen.

Neben den Aktivitäten für Kindergärten gibt es natürlich viele Aktionen auch für ältere Jahrgänge: kostengünstige Obstbaumverkäufe im Herbst mit Tips zum Baumpflanzen, Informationsstände auf hessischen Festen zu Äpfeln und Streuobstwiesen; Rezeptaktionen für die traditionelle hessische Apfel-Küche. „Wir wollen mit den Leuten reden“, meint Juniorchef Martin Heil, „und wir glauben, daß es auch die Aufgabe einer Apfelwein-Kelterei sein kann, daran mitzuwirken, daß unsere Natur für die Nachwelt erhalten bleibt. Über den Spaß am Äppelwoi wollen wir den Sinn für die alte Tradition des Kelterns und für die hessischen Streuobstwiesen wecken!“

Gucke Ja – aber ja net zuviel kaufe ...

Zu Gast in der Handwerks-Kelterei von Jörg Stier in Maintal-Bischofsheim:

Wenn man Jörg Stier zuhört, wie er mit leuchtenden Augen von seinen Apfelweinen schwärmt, glaubt man ihm aufs Wort, daß er sein Hobby zum Beruf gemacht habe. Jörg Stier gehört zu den leidenschaftlichen Apfelwein„machern“, die das traditionelle Handwerk als persönliche Herausforderung sehen. Natürlich fällt der Apfel nicht weit vom Stamm: Vater Erwin Stier ist gelernter Küfer, die Vorfahren der Stiers waren Küfer und Keltermeister in Wachenbuchen.

Wer bei Jörg Stier die Kelterei besichtigen möchte, ist nach Voranmeldung willkommen, aber ob er auch Flaschen kaufen kann „is a anner Sach“. Denn der Bischofsheimer keltert höchstens 200.000 Liter pro Jahr und möchte seinen Betrieb auch nicht vergrößern: „Ich möchte“, sagt er, „meine Apfelweine immer mit eigener Hand keltern können!“

Seit gut zehn Jahren hat sich Jörg Stier in seinem Einmannbetrieb der handwerklichen, phantasievollen Kelterei verschrieben. Mit Enthusiasmus und Entdeckerfreude ist er dabei in seinem kleinen Keller in Maintal-Bischofsheim am Werk.
Vor allem geht es ihm darum, traditionell hergestellte Apfelweine zu erhalten.
Das Sortiment reicht von Speierling über Schlehe, Quitte bis zur Mispel. Neben den typisch hessischen Apfelweinen produziert er auch Apfelweinvarianten nach baskischem und bretonischem Vorbild. Die Krönung aber sind seine Apfelschaumweine, nach der traditionellen „méthode champanoise“ hergestellt. Täglich müssen die Flaschen kundig gerüttelt werden, deshalb traut sich Jörg Stier manchmal kaum, in Urlaub zu fahren ...

Daß das Apfelwein-Trinken Kultur ist, beweist Jörg Stier auch in seinen Apfelweinseminaren, in Kellerführungen oder speziellen Apfelwein-Veranstaltungen, wo es zu jedem Tropfen das passende Essen gibt.

Speierling & Co. – die „wilden Kerle“ im Äppelwoi!

Daß der Äppelwoi manchem süßen Schnütchen beim ersten Mal zu „sauer“ schmeckt, hat seine Gründe. Denn zur Tradition der hessischen Keltermeister gehörte es über Jahrhunderte, daß sie ihren Apfelwein durch dier Zugabe „saurer Früchte“ ausgebaut haben. Diese Zugabe hat dafür gesorgt, daß der Apfelwein klar und haltbar wurde, aber auch dafür, daß er seinen regionaltypischen Geschmack bewahrte.

Die bekannteste unserer „sauren“ hessischen Kelterfrüchte ist der SPEIERLING. Bei einer Zugabe von mindestens 1 % Speierlingsaft reift ein glanzklarer Apfelwein. Im Geschmack zeigt er eine volle und doch harmonische Frucht bei einem charakteristischen, trockenen Nachklang. Der sehr seltene Speierlingbaum ist übrigens keine Apfelart, sondern gehört zur Familie der Eberesche. Die Frucht ist klein und außerordentlich sauer.
Anders als „normaler“ Apfelwein eignet sich ein echter Speierlingapfelwein daher gut zum Kochen von Schweinefleisch, Rindfleisch und Geflügel.

Eine andere Frucht, die wir gerne verwenden, ist die MISPEL. Die Mispel macht den Apfelwein wuchtiger, die herzhafte Frucht gibt ihm ein feinwürziges Aroma bei einem ausfüllend-kompakten Nachhall. Dieser „barocke“ Apfelwein eignet sich auch zum Kochen. Gerade leichte Wildgerichte bekommen damit eine besonders pikante Geschmacksnote.

Die EBERESCHE gibt dem Apfelwein eine wilde, derbe Note. Ein mit Ebereschenfrucht gekelterter Apfelwein schmeckt leicht säuerlich mit einem kräftigen, eigenen Nachklang. Er eignet sich als Begleitung zu kräftigen Wildgerichten; großartig schmeckt er vor allem zum Wildschwein!

Die QUITTE ist die einzige der sauren Früchte, die dem Apfelwein ihr eigenes Aroma gibt. Den Quittenäppelwoi und seine enorme Fruchtfülle verrät schon sein opulenter und dabei doch feiner Duft im Glas. Dieses Geschmacksbild macht ihn zum passenden Begleiter für die hessische Küche. Getrunken zu Hausmacher Wurst, Bauernbrot, sauren Gurken und scharfem Senf, kann der Quittenapfelwein Fett und Gewürze neutralisieren.

Die SCHLEHE gibt dem Apfelwein Tannine und Gerbstoffe, die sich im Geschmack als fruchtig-frische, ja sogar fast durstlöschende Note auf der Zunge zeigen. Im Geschmack ist dieser Äppelwoi weiniger. Er schmeckt zu gegrilltem oder gekochtem Fisch und auch zu allen frischen, leichten Sommeressen.

Vom Apfelwein und wie er getrunken wird

Journalisten und andere Literaten haben ihre liebe Not, wenn sie den Begriff „Apfelwein" in hessischem O-Ton, in der reinen Mundartform, wiedergeben wollen. Da liest man dann in Zeitungen und Gazetten, Broschüren und wissenschaftlichen Abhandlungen von Kreationen wie: Äbbelwei, Apfelwoi, Aebbelwein, Eppelwein, Ebbelwei, Aeppelweun, Abbelwoj, Appelwoi, Aebbelweun, Aeppelwoi, Aebbel-Woin und sonst noch so allerlei. Und neuerdings hat sich bei der jungen Generation der Begriff „Ebbler" eingebürgert, wobei die alten Apfelweingenießer stets in den Harnisch geraten ... und ihn immer häufiger selbst gebrauchen!

Dabei ist doch alles, wie so oft im Leben, so ganz einfach: Die wirklichen Apfelweinkenner – zumindest die in Frankfurt und seinem Umland –, die Apfelweingeschworenen, die Schoppepetzer und -stecher, die Gorjelschwenker und Schnutedunker, sprechen nur vom „Stöffche". Die ältere Form, die der Mundartliterat Friedrich Stoltze, der im vorigen Jahrhundert lebte, benutzte, lautete „Stoffche".

„Wer nix uff's Stoffche hält,
der daut aam laad!
Nix so uff dare Welt
Mecht aam so Fraad."

Herbert Heckmann vermutet, daß die Schreibweise „Stoffche" von dem Wort „Stofchen" herrührt, der Verkleinerungsform von „stauf" = „Becher" (althochdeutsch: „stouf", mittelhochdeutsch: „stübich" = „Packfaß", beides geht auf das mittellateinische „stopa, stupa" = „das Faß" zurück).

Stoltzes Darmstädter Pendant Ernst Elias Niebergall spricht in seinem, über die Grenzen Hessens hinaus bekannt gewordenen „Datterich" (Joseph Offenbach spielte einst die Hauptrolle und hat nicht unwesentlich zur Popularität des Stückes beigetragen), despektierlich von der „Brühe", wenn er seinen Datterich feststellen läßt: „Die Brieh hat so e ahgenehm Essigseire."

Egal, ob Ebbelwoi, Stöffche oder Brieh, der Apfelwein ist in aller Munde und wird (nicht nur) von Hessen gerne getrunken. Aber da zögert schon wieder die Feder: Der Apfelwein wird bei uns beileibe nicht einfach so getrun-

ken, nein, er wird „gepetzt", „geschwabbelt", „geschläucht" und bei den starken Trinkern „gerobbt" und „gebaaft".

Der Apfelwein in seinen verschiedenen Stadien des Reifungsprozesses hat in all seinen Stufen und Nuancierungen seine Liebhaber. Wenn er frisch aus der Kelter rinnt, dann ist er noch frischer Apfelmost, der hierzulande als der „Sieße" bezeichnet wird. Rotbraungold ist er ein Labsal im Frühherbst und hat die Gunst der naturverbundenen Zeitgenossen. Besonders beim weiblichen Geschlecht steht er hoch im Kurs, weswegen die Apfelweingeschworenen abschätzig in Machomanier vom „labberische Weiwergesöff" und der „Wermcherbrieh" reden.

Ein bis zwei Wochen nach dem Keltern ist aus dem „Sieße" der „Rauscher" geworden. Er entspricht dem Federweißen beim Wein und zeigt eine strohig-gelbe Farbe. Seine „durchschlagende" Eigenschaft hat ihm die Bezeichnung „Flitzer" und „Hoseschisser" eingetragen. Er ist nur bei Kennern beliebt, andere meiden ihn. So hat er seinen geschmacklichen Höhepunkt erreicht, er ist prickelnd, und eine Stufe weiter nennt man ihn „Bizzler", aber nur die Spezialisten unter den Apfelweinkennern wissen um die feinen Unterschiede.

Der „Neue Helle" ist dann der Apfelwein in seinen Gesellenjahren, er ist leicht trüb und man merkt schon, was einmal aus ihm werden wird. Gegen Ende Dezember wird er „angestochen". In alten Apfelweinwirtschaften ist es noch Tradition, daß der „Neue" am 2. Weihnachtsfeiertag oder auch am Neujahrstag „angezappt" wird. Der Apfelwein aus dem Vorjahr heißt dann der „Alte", im Gegensatz zum „Neuen". Mancherorts wird aber jeder ausgereifte Apfelwein als „Alter" bezeichnet. Zur Unterscheidung spricht man dann vom „neuen" oder „jungen Alte", im Gegensatz zum „alten Alte". Wie dem auch sei: Der Apfelwein sollte bald getrunken werden, er soll seinen Geburtstag nicht erleben, denn im Gegensatz zum Traubenwein wird der Apfelwein durch längeres Lagern nicht besser. Dessen ungeachtet haben die jungen, die innovativen Apfelweinkelterer, die sortenreinen Apfelwein zu berei-

ten verstehen, recht erstaunliche Erfolge mit mehrjährigem Apfelwein erzielt.
Seit Apfelwein getrunken wird, schenkt man ihn aus dem „Bembel" aus, wie der bauchige Steinzeugkrug genannt wird. Über die Bezeichnung „Bembel" haben schon manche Sprachforscher gemutmaßt. Eine recht plausible Erklärung steuert H.P. Müller bei, einer der Frankfurter Kenner der Apfelweingeschichte. Vom Glockenklöppel, den man Bembel nennt und dessen Form unserem Schenkkrug ähnelt, soll die Bezeichnung stammen. Sei's drum: Die echten Bembel kommen aus dem Westerwald, dem Kannebäckerland, wo die Spezies Bembel zur Unterscheidung zu den rheinischen Weinkrügen auch „Frankfurter Kanne" genannt wird. Der Steinzeugkrug hält das Getränk kühl und schützt es vor Licht. Deswegen, und damit nichts hineinfiel im Wirtsgarten oder auf dem Weg von der Wirtschaft zum häuslichen Tisch, hat man auch früher die Bembel gerne mit einem schmucken Zinndeckel versehen. Fast alle Bembel sind mit blauer Kobaltmalerei, die mit kräftigem Pinsel aufgetragen wird, oder mit Ritzdekor verziert. Die Bembel, die in den Wirtshäusern benutzt werden, tragen

selbstverständlich den eingeritzten Namen des Besitzers. Seit einigen Jahrzehnten sind aufgemalte und eingeritzte Sprüche in Mode. Da liest man u.a. die Feststellung von Friedrich Stoltze: „Es will mer net in de Kopp enei, wie kann nor en Mensch net von Frankfort sei" oder andere „Apfelweinlyrik". In den Wirtshäusern wird mit dem großen Bembel der Apfelwein aus dem Keller geholt, und fast jedem Wirt wird nachgesagt, daß er auf dem Weg vom Keller in die Wirtsstube an der Wasserpumpe nachgefüllt habe, wenn noch Luft im Bembel war. „Hör uff, sie merke's", ruft die Schildwirtin, die Frau Funk in Adolf Stoltzes „Alt-Frankfurt" und macht dem gewissenlosen Treiben ein Ende. Es wäre zu mühsam, den schwe-

ren Bembel mit eigener Kraft zu bewegen. Für diesen Zweck gibt es den „Faulenzer“, ein kippbares Ausschankgerät, früher aus Holz, heute aus Schmiedeeisen. Beim Ausschenken ächzte die Achse „schon widder schaffe“, und so kam es zu der Bezeichnung „Faulenzer“.
Getrunken wird der Apfelwein stets aus dem gerippten Glas, dessen Vorläufer schon im Mittelalter nachweisbar sind. Die Gläser haben konische Form, unter den älteren finden wir aber auch gerade, stangenartige Exemplare. Die gerippte, rautenförmige Fläche verleiht dem Apfelwein einen funkelnden Glanz, und das war früher, als der Apfelwein naturtrüb getrunken wurde, besonders wichtig: Er schimmerte edel, beinahe wie jeder gute Traubenwein. Besonders schön sind die alten, in der Form geblasenen Apfelweingläser, die eine leichte, geschmeidig wirkende Oberfläche besitzen, ganz im Gegensatz zu den später „gepreßten“ Gläsern, die harte Rauten zeigen. Zusammen mit den Schlieren und kleinen Luftbläschen üben sie einen ganz besonderen Reiz aus und sind gesuchte Sammlerstücke. Das Fassungsvermögen für das Glas, das den „Schoppen“ aufnahm, hat sich im Laufe der Zeit mehrfach geändert. Das Wort Schoppen war früher in ganz Deutschland eine gebräuchliche Bezeichnung für einen halben Liter. Die Frankfurter hingegen hatten für den Schoppen ein eigenes Maß, es beinhaltete ungefähr 3/8 Liter und 1 1/4 Schoppen waren

1/2 Liter. Heute üblich sind die 0,3 Liter-Gläser, und bei den sparsamen Wirten solche von 0,25 Liter Inhalt. Neuerdings ist ein 0,5 Liter-Glas in Gebrauch gekommen.

Für die Damen der besseren Gesellschaft gab es früher noch Sonderformen von 0,2 Liter Inhalt. Diese nannte man „Madamme-Glas" oder „Salöngche".

Der Apfelweindeckel vervollständigt nun Bembel und Glas zu einem Frankfurter Dreigestirn, denn (bislang) nur in Frankfurt üblich sind diese runden, geschnitzten und verzierten Holzscheiben, die man auf das Glas legt. Es sind oft Andenken- und Sammlerstücke, und jeder wirkliche Apfelweinkenner besitzt seinen eigenen Deckel, mit dem er seine Stammwirtschaft aufsucht.

Die Ergründung des Ursprungs dieses Lokalkolorits gibt den Historikern wieder Rätsel auf, aber es wird wohl mit dem „Draußensitzen" zu tun haben. Sie scheinen recht jungen Ursprungs zu sein, denn das älteste datierte Stück stammt aus dem Jahre 1887. Ab diesem Zeitpunkt wurde der Apfelweindeckel ungemein populär und hat in den ersten Jahrzehnten unseres Jahrhunderts eine wahre Blüte gezeitigt.

Heute ist der Deckel nostalgisch-liebenswürdiges Versatzstück einer stilisierten Apfelweinkultur, und es gibt bereits Sammler für Apfelweindeckel – die Volksschauspielerin Liesel Christ ist eine der bekanntesten Vertreterinnen dieser Liebhabergruppe.

Wie der Äppelwoi enstande is

Daß mer aus Äppel mehr mache kann, als sie nur grad so aus der Hand zu genieße, des hawwe die Leut bei uns scho früh begriffe!

Auf das Auspressen verschiedenster Früchte verstanden sich die Menschen schon vor Tausenden von Jahren. Griechische und römische Geschichtsschreiber der Antike berichten davon, daß aus Trauben, Beeren, Birnen und natürlich auch aus Äpfeln wohltätige Säfte gepreßt wurden, die auch in der Küche ihre Verwendung fanden. Der griechische Geschichtsschreiber Herodot berichtet Mitte des 5. Jhd. v. Chr. von dem kleinasiatischen Volksstamm der Aggripäer, die mit dem Begriff „Aschy" offenbar das Auspressen von Äpfeln beschrieben. Von den Griechen und Römern ist der Ausdruck „sicera" überliefert. Damit wurde allerdings nicht allein der Apfelwein beschrieben, sondern jedes andere berauschende Getränk aus Obst – man schätzte die Wirkung und setzte „sicera" gern ein, um das Wohlbefinden zu steigern und die Zunge zu lösen. Auch bei den germanischen Stämmen war der Obstwein bereits vor und nach der Völkerwanderung verbreitet.

Der Wein aus Trauben stand jedoch zunächst an erster Stelle. Zum einen war es wesentlich einfacher, Trauben zu verarbeiten als Äpfel. Denn während Äpfel erst zerkleinert und mit großem Muskeleinsatz zu Maische gepreßt werden mußten, ging es bei den Trauben von der Rebe gleich in den Bottich. Mit den Füßen wurden die Früchte gequetscht, und schon lief das süße Naß heraus – übrigens vom Saftertrag 1/3 mehr als bei gleichem Gewicht an Äpfeln.

Die Revolution in der Herstellung des Apfelweins gelang den Basken in Nordspanien im 11. Jahrhundert. Sie entwickelten die erste richtige Kelter. Vorbild war dabei die traditionelle Ölpresse, die ihnen die Mauren während ihrer Besatzungszeit hinterlassen hatten. So gelang es den Basken, ihren „Zaraguda" in größeren Mengen herzustellen. Die baskischen Fischer hatten übrigens bei ihren Fischzügen auf dem Meer immer eine Ration Zaraguda dabei. Ihr Lieblingsgetränk

war eine vorzügliche Medizin gegen Skorbut. Nach und nach wurde der Cidre auch zum Hausgetränk in der Bretagne und der Normandie und verdrängte dort das seinerzeit noch ungehopfte Bier und den recht ungenießbaren eigenen, sauren Wein.

Durch Wilhelm den Eroberer kam vom Norden Frankreichs die Apfelweinherstellung auch nach England. Um die Frage der Thronfolge zu klären, setzte er im September 1066 mit 3.000 Schiffen und rund 50.000 Soldaten nach England über. Mit dabei waren Fässer voll Apfelwein und zahlreiche Säcke mit Apfelkernen. In England verbreitete sich der Apfelwein rasch auf der ganzen Insel. Und heute sind die Engländer Europas größte Apfelweinkelterer.

Die Geheimnisse der alkoholischen Gärung wurden nach und nach gelüftet – und der Apfelwein konnte nun in noch größeren Mengen hergestellt werden.

Aus den Apfelweinwirtschaften mit eigener Kelter entwickelten sich auch die ersten großen Keltereien, die man zum Teil noch heute auf dem Markt findet. Die „Erste Frankfurter Aepfelweinkelterei", Gebrüder Freyeisen, wurde 1817 gegründet und warb schon bald mit dem Versand in alle Länder. Viele europäische Königshäuser wurden mit dem „Stöffche" versorgt, sogar der Sultan des Osmanischen Reichs trank Apfelwein. Aus religiösen Gründen wurde auf dem Etikett in diesem Falle jedoch verschwiegen, daß sich in diesem Apfelgetränk auch Alkohol befand ...

Auch der Schaumwein aus Äpfeln gehörte bereits im 19. Jahrhundert zur Apfelweinkultur. Die Großkeltereien der damaligen Zeit stellten einen „Aepfelwein-Champagner" her, mit dem sie auf allen Weltausstellungen vertreten waren. Als „German Champagne Cider" wurde er sogar nach Amerika exportiert.
Die Vielzahl und die Phantasie der Apfelweinhersteller waren die Grundlage einer lebendigen Apfelweinkultur. Allein im Gebiet der heutigen Stadt Frankfurt gab es Mitte des 19. Jahrhunderts 12 Großkeltereien und dazu unzählige Kleinkeltereien und selbstkelternde Äpfelweinwirte. Jeder hatte seine eigene Rezeptur und verwendete die speziellen Äpfel seiner Region.

Apfelwein wurde zum „Nationalgetränk" der Hessen. Die Zapferlaubnis für Äppelwoi bekamen seit Anfang des 18. Jahrhunderts nur die „Heckenwirte", die ihre eigenen Obstweine zapften. Mitte des 18. Jahrhunderts sollen

auf diese Weise allein in Sachsenhausen eine Million Liter Äppelwoi ausgeschenkt worden sein.

Das Äppelwoikeltern wurde sogar zeitweise zum „Zankapfel": In der freien Reichsstadt Frankfurt bestanden hessische Obstbauern und Gärtner darauf, daß nur Frankfurter Äpfel in Frankfurter Keltern verarbeitet werden durften. Die Streitereien zwischen hessischen und kurmainzischen, später nassauischen Gärtnern, beschäftigten den Magistrat der Freien Stadt Frankfurt noch in seinen letzten Sitzungen im 19. Jahrhundert. Bis dann 1866 mit dem Ende der Freien Stadt auch die Äpfel „vogelfrei" wurden.

1917, während des 1. Weltkriegs, wurde wegen Ernährungsschwierigkeiten das Keltern von Äpfeln verboten. Das Obst sollte zu Konserven verarbeitet werden. Dagegen protestierten Apfelweinhersteller und Apfelweingenießer. Die Kelterer schlossen sich zu einem Verein zusammen, und die Äppelwoitrinker gründeten Apfelweinlogen. Sie sorgten dafür, daß auch weiterhin – wenn auch in kleinen Mengen – Äpfel zu Wein verarbeitet wurden. Nach dem Krieg wurde das Keltern, wenn auch zögerlich, wieder aufgenommen, doch war bald wieder Schluß, denn die Apfelweinherstellung paßte ganz und gar nicht in die nationalsozialistische Lebensordnung.

Alkohol war der erklärte Feind der Volksgesundheit. Äpfel sollten gegessen werden – und dabei waren natürlich ausschließlich deutsche Äpfel gemeint. Auf einer Postwurfsendung des Obst- und Gartenbauvereins stand: „Gedenke Deiner Ahnen, sei deutsch in Wort und Tat! Iß Äpfel, nicht Bananen, üb Treue – nicht Verrat!" Den Keltereien wurde empfohlen, sich „im Zug der Zeit" nicht mehr für eine „krampfhafte Aufrechterhaltung einer überholten Lebensmitteltechnik" zu engagieren, sondern im Sinne der „nationalsozialistischen Entwicklung" nur noch Apfelsaft herzustellen. Die Keltereivereinigung wurde aufgelöst und deren Vermögen beschlagnahmt.

Durch die massiven Zerstörungen der Produktionsstätten während des Krieges und die wirtschaftlichen Probleme der Nachkriegszeit wurden die Apfelweinkeltereien schwer getroffen. Erst Ende der siebziger Jahre kam der Schoppen wieder so richtig in Mode: „Man ging wieder zum Äppelwoi".

In Hessen gibt es heute insgesamt 70 größere und kleinere gewerbliche Keltereien, die Apfelwein produzieren. Man schätzt die Produktion jährlich auf 70 Millionen Liter Apfelwein. Man muß sich das einmal vorstellen: 70 Millionen Liter, das sind rund 100.000 Tonnen Keleräpfel – davon hätten Griechen, Römer und Germanen nicht zu träumen gewagt.

Unsern Äppelwoi annerswo ...

VIEZ heißt der Äppelwoi in den Bereichen um Trier, im Saarland und bis nach Luxemburg. Augenfällig ist das besondere Trinkglas: Viez wird aus der „Porz" getrunken, einem weißen Keramikkrug, der einen Inhalt von 0,5 oder 0,4 l faßt. Für hessische Zungen schmeckt der Viez mit seinem hohen Anteil an Holzäpfeln und Holzbirnen fast zu intensiv.

MOSCHD nennen die Schwaben ihren Wein aus Äpfeln. Dieser Most war und ist das Alltagsgetränk in der Landwirtschaft. Er ist frisch und säurereich und hat durch die Zugabe der Mostbirne ein feines Aroma. Früher wurde er oft mit Zugabe von Wasser gekeltert, dieser leichte Apfelwein wurde dann morgens mit ins Feld genommen. Gibt's dann auch noch „Moschdsuppe" oder „Moschdbröcke", fällt dem Bauern sogar die schwere Arbeit auf dem Feld leichter, denn „Moschd gibt Kraft und damit basta!"

EPFELTRANC wird der Apfelwein in der Region um den Bodensee genannt. Zu den Traditionen gehören sortenreine Apfelweine und auch reiner Birnenmost. Teilweise reift der Epfeltranc bis zu zwei Jahren im Faßlager. Den Epfeltranc zeichnet sein fein säuerlicher Charme aus, er wird gern zum rustikalen Essen getrunken, gerade zu Rauchfleisch, Speck und kräftigem Brot.

CIDER heißt der Apfelwein in England. Er wird mit Kohlensäure ausgebaut von extratrocken bis fast süß. Der mit der alten Schreibweise „Cyder" verkaufte Apfelwein ist meist nur aus dem Apfel vergoren, ansonsten wird der englische Apfelwein gern durch Zugabe von Zucker auf einen höheren Alkoholgehalt gebracht. Die größte Menge an Apfelwein in Europa wird übrigens in Südwestengland gekeltert. Dort hat auch Europas größte Apfelweinkelterei Cidermaker H.P. Bulmer ihren Sitz. Wie viele andere Ciderhersteller verwendet Bulmer überwiegend Holzfässer. Die größten Fässer tragen sogar die Namen englischer Persönlichkeiten. Vor einigen Jahren taufte Queen Elisabeth ein Ciderfaß mit ihrem Namen!

SIDRA ist in Spanien zu Hause. Die Basken sind ja die ältesten Apfelweinhersteller Europas. Sie füllen ihre Apfelweine – bereits im November – direkt vom Gärtank auf die Flasche. Und in der Flasche findet die Restreifung des Sidras statt. Das macht ihn so derb-würzig im Geschmack. Den Sidra trinkt man gern zu Fisch, aber auch andere Speisen; vornehmlich stark gewürzte und fette Gerichte schmecken noch besser mit Sidra. Eingeschenkt wird er übrigens nach spanischer Art über den Kopf aus der 0,75 l Flasche in ein Halbliter-Glas.

CIDRE aus Frankreich wird fast ausschließlich in der Normandie und der Bretagne hergestellt. Seine leichte Art erhält er dadurch, daß der Apfelwein bereits vor und auch noch einige Male während der Gärung von der Hefe genommen wird. Durch dieses Kelterhandwerk behält der Cidre einen Teil der Gärkohlensäure und des Fruchtzuckers. Außerdem wird die elegante Note durch die mehrmals unterbrochene Hefegärung unterstützt. Den bretonischen Cidre trinkt man traditionell aus der Apfelweintasse, der „bol". Tatsächlich schmeckt er aus dieser Tasse auch am allerbesten. Übrigens besagen die Verordnungen, daß jedes alkoholische Getränk aus Äpfeln, das weniger als 5 % Alkohol hat, als Cidre deklariert werden muß.

„Der Apfelweindoktor“

Um die Mitte des vorigen Jahrhunderts wirkte in Berlin der Frankfurter Johann Christian Wilhelm Petsch (geb. 4.7.1804, gest. 12.11. 1884 in Dresden) als Apfelweinhändler und -heilkundiger mit seinen Apfelweinkuren.

Er hatte großen Zulauf, verabfolgte mehr als 25.000 Kuren und schrieb ein Buch: „Das naturgemäße Heilverfahren durch richtige Anwendung des Apfelweins nach eigener Erfahrung“. Das Buch hatte von 1852 bis 1856 mindestens 6 Auflagen!

Nachfolgend einige Auszüge:

Gebrauch im Allgemeinen.

Der Apfelwein ist kein Abführ-, sondern ein Regulir-Mittel, man gebraucht ihn in jeder Jahreszeit regelmäßig in geordneter Weise, ohne sich durch Symptome und Krisen beirren zu lassen. Bei leichtem Unwohlsein wirkt der Genuß des reinen Apfelweins besonders beim zweiten Frühstück, wie Mittag- und Abendbrod vortrefflich. Erwachsene Patienten welche jedoch mit Blutcongestionen, Lungen-, Hals- oder Nervenleiden behaftet sind, genießen Früh auf nüchternen Magen und etwa eine halbe Stunde vor dem Mittag- und so auch vor dem Abendbrod jedesmal 2/3 von einem Achtel-Quartglase Apfelwein, welchem man ebensoviel frisches Wasser und noch ebensoviel rohe Milch zugiebt. Die Verbindung bildet sofort eine kräftige Molke. Patienten weiblichen Geschlechts nehmen 1/4 Theil weniger. Inzwischen bediene man sich als durststillendes Getränk eine Mischung von 1 Theil Wasser, 1 Theil rohe Milch und 1/2 Theil Apfelwein zusammen gemischt, welches auch bei Reizbarkeit der Lunge und Schleimhäute zur Beruhigung gereicht. Sind aber jene Leiden schon bedeutend ausgebildet, so nehme man 1/3 vom angegebenen Quantum weniger und sind solche schon in das höchste Stadium getreten, noch 1/3 weniger, so daß also nur von jedem 1/3 vom Achtelglase verbleibt. Bei der Mischung für den Durst, reduzirt sich im letztern Falle der Zusatz des Apfelweins auf 1/3 weniger als das oben angegebene Quantum besagt.

Bei einem Alter von 12 Jahren ist von jedem Zusatz 1/2 Glas, desgl. von 5 Jahren 1/3, von 2 Jahren 1/4 Glas, von 1 Jahr 1 Eßlöffel voll, von 9 Monaten 2/3, 6 Monaten 1/2, 3 Monaten 1/4, desgl. und biß zu 1 Monat 1 Theelöffel voll von jeder Gabe ausreichend, um den Körper von seinen Plagen zu befreien.

Apfelwein hält gesund

Apfelwein als Gesundheitselixier – zunächst eine verblüffende Feststellung. Daß er schlank machen soll oder verhilft, schlank zu bleiben, darüber gibt es unverbindliche bis feste Meinungen. Die einen schwören darauf, andere belächeln eher solche Thesen. Doch wie sieht das in der Wirklichkeit aus?

Ein Glas Apfelwein mit 0,25 Liter enthält 84 Kalorien. Damit liegt Apfelwein auf der untersten Ebene vergleichbarer Getränke. So weisen 1 Glas Weißwein der gleichen Menge 152 Kalorien, Exportbier 112, Apfelsaft 120, Rotwein 173 und Sekt 226 Kalorien auf. Das in Apfelwein-Wirtschaften übliche Schoppenglas mit 0,3 Liter Inhalt bringt es auf 101 Kalorien.

Also, wer auch immer zum „Stöffche" greift, ein Dickmacher ist der „Äppelwoi" keinesfalls, es kommt halt nur – wie bei jedem anderen Getränk – darauf an, wieviel man davon trinkt.

Übrigens hat der Apfelwein in der Regel um die 5,5 Prozent Volumen Alkohol, soviel wie das Bier auch. Die gesetzlichen Bestimmungen schreiben einen Mindestalkoholgehalt von 5 Prozent vor. Und damit er nicht gar zu sauer wird, darf er nicht unter 45 Grad Öchsle verkauft werden. Er enthält organische Fruchtsäuren, Mineralien, Zucker und Aromastoffe. Auch hier gibt es festgelegte gesetzliche Anforderungen. Neben dem Charakter

des Schlankmachers hat der Apfelwein aber noch andere gesundheitliche Vorzüge. Diese hat Dr. med. Oscar Hammer aus Bad Nauheim untersucht und in einer Expertise, „Keine Scheu vor'm Äppelwoi", niedergeschrieben.

Als Facharzt für innere Krankheiten und Lungenfacharzt bei der Landesversicherungsanstalt (LVA) hat er innerhalb von zwei Jahren bei 200 Kurpatienten mit unterschiedlichen Trinkgewohnheiten (Apfelwein, Bier) den Blutfettspiegel auf pathologische Differenzen untersucht; es waren Personen im Alter von 61 Jahren aus dem Frankfurter Raum mit annähernd gleicher Konstitution, gleichen Eßgewohnheiten und gleicher Vorliebe für bestimmte Speisen.

Als wesentliche Ergebnisse stellt Dr. Hammer fest, daß mit dem Genuß von Apfelwein die Verdauungsdrüsen und damit die Verdauung angeregt werden. Außerdem wirke der Alkohol im Apfelwein zusammen mit der im Magen befindlichen Salzsäure gegen Bakterien und beuge ansteckenden Magen- und Darmkrankheiten vor.

Besonders geeignet sei der Apfelwein darüberhinaus für Personen, die unter Bluthochdruck leiden. Er wirke blutdrucksenkend und blutdruckstabilisierend.

Vor allem Leute, die von Streß geplagt sind, sollten nach Meinung von Dr. Hammer öfters

Apfelwein genießen. Apfelwein verringere das Zusammenkleben von Fettröpfchen im Blut, die durch die Fettstoffe (Cholesterin, Lipoproteine, Neutralfette bzw. Triglyzeride) aufgebaut werden und senke den Blutfettspiegel. Deshalb empfiehlt Dr. Hammer auch insbesondere älteren Menschen den Apfelweintrank, wobei er auch die antiarteriosklerotische Funktion besonders hervorhebt. Subjektiv besonders wertvoll empfinde der ältere Mensch die Verbesserung der Gehirndurchblutung, durch die er in seiner geistigen Aktivität gefördert würde. Das bedeutet für viele eine Verzögerung des Alterungsprozesses. Manche depressive Neigung und Kontaktarmut könnten aufgefangen werden.

Apfelwein als Gesundheitselixier? Ja! Allerdings – wie bei vielen gesundheitlichen Anregungen –, allein hilft ein Mittel nie, nur in der Kombination vieler Faktoren erreicht man eine Wirkung. Insofern sei der Konsum von ein paar wenigen Schoppen am Tag gesundheitsfördernd oder, wie Dr. Hammer in seiner Expertise schreibt: „Der Apfelwein gilt als ein Getränk, das nicht müde macht, sondern den Kreislauf und das Nervensystem anregt".

All das geschieht natürlich nicht, wenn man den Apfelwein in Massen trinkt. Aber eine normale, gesunde Konstitution vorausgesetzt: Zwei bis drei Schoppen am Tag schaden nicht und tragen zum Wohlbefinden bei.

Und wenn man mal stark erkältet ist, dann gilt ein altes Hausrezept: heißen Apfelwein trinken, entweder pur oder mit Zimt, Zucker und Zitronensaft angereichert. Dann ins Bett legen und zwei Stunden schwitzen. Am nächsten Morgen, so berichten viele Zeitgenossen, ist man die Hälfte der Erkältungskrankheiten los, ob grippaler Infekt, Bronchitis oder heftiger Schnupfen.

Das Märchen vom Äpfelwein

Äppelwoi is net nur e Getränk, Ebbelwei is aach e Himmelsgeschenk.

Es war emal, awwer deß is schon lang, lang her, daß de liewe Gott im Himmel so e klaa Inschbekzionsreis gemacht hat.
Und da is er aach zum Petrus gange. – „Gude Morje, Petrus", hatt de liewe Gott gesacht, „was mechste denn widder for e Wedder?" „Gude Morje, Herrgott! Deß is awwer schee von der, daß de dich aach emol widder bei mer sehe läßt", hat de Petrus gesacht, „ich mach grad e bisi Sonneschei for die Preuße unn iwwer Frankford laß ichs dunnern." „Biste verrickt, Petrus", hat de liewe Gott gesacht, „ausgerechent meine liewe Frankforder Kinner mechste die Zicke? – Petrus, ich glaab, du werst zu ald fer den Poste. Was haste dann gege die Frankforder, daß des so dunnern läßt?" „Ach waaste, Herrgott", hat de Petrus gesacht, „die Frankforder sinn so stockig unn so steif, brummelig sinn se unn so gleichgiltig unn so worschtig. Es dauert so lang bis mer warm werd bei dene, unn es ganze Jahr kretsche se. Ach, es baßt mer so vieles net an dene Frankforder." Da hat de liewe Gott sei Stirn in Falde gezoge unn hat bedenklich mittem Kopp gewackelt unn hat gesacht: „Petrus, du guckst mer ze viel nach auße. Inne enei mußte gucke, ins Herz enei, unn dann werste sehe, daß die Frankforder werklich e Herz hawwe, so e gut Herz unn Gemiet, daß sie sich wahrhaftig net zu schenieren brauche demit. Da, Petrus, ich bumb der emal mei Brill, dadermit kannste de Leut ins Herz gukke, unn jetzt guck emal nach de Frankforder ihre Herze. Awwer mach mer mei Brill net

kaput." Mit dene Worte hat de liewe Gott dem Petrus sei Brill uffgesetzt, unn de Petrus hat enunner geguckt nach Frankford, unn is ganz still und froh geworn. Dann hat er die Brill abgenomme unn hatse dem liewe Gott zerickgegewwe.
„Verzeih mer, hatt er gesagt, Du hast emal widder recht behalde. Werklich, die Frankforder hawwe e gud Herz unn e guud Gemiet." Dann hat er geseufzt unn hat gesacht: „Es sitzt awwer arch dief, sehr dief."
„Ja, es sitzt dief", hatt de liewe Gott gesacht, „so dief, daß mers kaum merkt." Unn dann hat de liebe Gott lang nachgedacht unn sich besonne unn uff aamol hat er gesacht: „Ich habb e Idee, ich habb e Idee."
Unn dann hat er zum Petrus gesacht: „Petrus, gebb mer mal dei Kaffeemiehl, awwer mach se guud sauwer, daß mer nix mehr vom Kaffeegeschmack drin hängt!"
De Petrus war ganz verwunnert, hat awwer sei Kaffeemiehl, ohne lang zu frage, geholt. Sauwer zu mache hat er se nett brauche, weils e ganz neu Kaffeemiehl war, unn iwwerhaabt noch net benutzt.
Dann hat de liewe Gott e paar Äppel in die Kaffeemiehl gedrickt unn de Petrus hat gemahle. Den Brei, der unne eraus komme is, den hawwe se gesiebt, unn die Brieh hat de liewe Gott in zwaah Minude gärn lasse. Unn wie die Brieh klar war, da hatt de liewe Gott den Petrus probiern lasse, unn de Petrus hatt probiert unn es hat em geschmeckt, unn de liewe Gott hat gelächelt unn hat en Spaß gehabt wie schon lang net mehr.
„Bring des Zeug enunner nach Sachsehause unn sag de Sachsehäuser, des wär Äppelwoi, unn wann die Frankforder unn die Sachsehäuser emal ihre Nachbarsmensche ihr guud Herz unn Gemiet sehe wollde, unn aach ihr eigenes zeige wollde, sollde se Äppelwoi schlabbern. Awwer net so viel uff aamol, höchstens ferzeh oder achtzeh Schöppcher de Awend, sonst wär's ungesund unn mer deht besoffe wehrn.
Des hat sich de Petrus net zwaamol sache lasse. Enunner is er gesaust mit dem nächste Expreßsternschnubbe, der abgange is. Unn er hat sei große Mission guud beendt, wie sichs geheert.
Unn wann emal heut aaner secht, die Frankforder wern e steif unn krotzig Volk, der soll emal nach Sachsehause gehe, unn Äppelwoi schlabbern. Da kann er in die Herze enoigucke unn da sieht er, was des for e gudmiedig Gesellschaft is. – Unn dadebei geht em dann aach soi Herz uff, unn er kann unn muß sich vertrache unn verbriedern mit dene.

Unn wann, wie mer hert, die Bayern unn die Berliner sich net so ganz gut gescheniwwerstehe duhe, dann lieht daß ewe daadraa, daß se kaan Äppelwoi hawwe.

H. um 1900.

Äpfel am Weihnachtsbaum

Über die Ursprünge des heutigen Weihnachtsbaums haben sich die Forscher vielfach Gedanken gemacht, ohne jedoch zu einem schlüssigen Ergebnis zu kommen: Dem einen ist er Brauchsymbol des christlichen Heilsgeschehens, dem anderen Relikt vorchristlicher Glaubensvorstellungen.
Fest steht aber, daß natürliche und künstliche Äpfel zum beliebtesten Baumschmuck gehörten und daß seit der ersten, gesicherten Erwähnung des Weihnachtsbaums der Schmuck durch Äpfel zuvörderst genannt wird. Die ersten Nachrichten über den Weihnachtsbaum stammen aus dem Elsaß. In den „Stubenmeisterrechnungen" der Reichsstadt Türkheim im Oberelsaß werden in den Jahren 1597 bis 1669 immer wieder Ausgaben für Äpfel, Hostien (Oblaten), buntes Papier und Faden zur Ausschmückung des Weihnachtsbaumes verzeichnet. Zu Beginn des 17. Jahrhunderts erzählt der Chronist Balthasar Beck aus Schlettstadt den Brauch, am Christtagabend dort Tannenbüsche oder -bäume aufzurichten und mit leichtem Backwerk (ostien) und Äpfel

(öpfflin) zu schmücken. Ein namentlich nicht bekannter Reisender hat schließlich 1604/05 in seinem Tagebuch einen recht anschaulichen Bericht über den Weihnachtsbaum und seinen Schmuck hinterlassen: „Auff Weihnachten richtett man Dannenbäum zu Strasburg in den Stuben auf, daran hencket man roßen auß vielfarbigem papier geschnitten, Aepfel, Oblaten, Zischgolt, Zucker etc. Man pflegt darum einen viereckent ramen zu machen..."

Gegen Ende des 18. Jahrhunderts dringt im gesamten deutschsprachigen Raum der Weihnachtsbaum in der bürgerlichen Oberschicht vor. Weil er eine neue, bemerkenswerte Erscheinung weihnachtlichen Brauchgeschehens war, erweckt er die Aufmerksamkeit zeitgenössischer Literaten.
Kein Geringerer als Johann Wolfgang von Goethe schwärmt in seinem Jugendwerk „Werther" von der „Erscheinung eines aufgeputzten Baumes mit Wachslichtern, Zuckerwerk und Äpfeln", der ihn „in paradiesische Entzückung versetzt". Wenige Jahre später ist Jean Paul in seinem 1797 erschienenen Roman „Jubelsenior" von dem mit

eßbarem Schmuck gezierten Weihnachtsbaum entzückt: „In einigen der nächsten Häuser waren schon die Frucht- oder Zuckerbäume angezündet und die von der Musik zu bald geweckten Kinder hüpften um die brennenden Zweige und um das versilberte Obst“. Er spricht weiter von „dem beladenen, mit Goldquasten von Äpfeln und mit Nuß- und Fruchtschnüren und Hängezucker illuminierten Baum der Erkenntnis“.

E. T. A. Hoffmann schließlich schildert 1819 im Märchen vom „Nußknacker und Mausekönig“ in romantischem Überschwang: „Noch nie hatte der Weihnachtsbaum solch' reiche Früchte getragen, denn alles Zuckerwerk, wie es nur Namen haben mag, und dazwischen manche goldene Nuß, mancher goldene Apfel aus den Gärten der Hesperiden hing an den Ästen, die sich beugten unter der süßen Last“.

Als dann der Weihnachtsbaum im 19. Jahrhundert auch in die Stuben der Bauern und kleinen Leute auf dem Lande vordrang, waren winzige rote Äpfel, die man schließlich auch „Weihnachtsäpfel“ nannte, neben Nüssen und Backwerk der beliebteste, weil billigste Schmuck für den Weihnachtsbaum. Solche Weihnachtsbäume der Ärmeren hat der „Malerbruder“ Ludwig Emil Grimm (1790-1863) gleich mehrfach in Zeichnungen und Gemälden festgehalten. Sie sind auf einfache Holzbrettchen montiert und tragen fünf und mehr Äpfel, mitunter auch Wachslichter. Wie schon erwähnt, wurden diese Äpfel aber auch mit Goldfolie umwickelt, um ihnen ein prächtigeres Aussehen zu vermitteln.

Dem Wunsch nach „dauerhaftem“ Weihnachtsschmuck haben dann die Industrie und das Hausgewerbe Rechnung getragen. Ab der zweiten Hälfte des 19. Jahrhunderts kamen dann Äpfel aus Holz und später aus Glas auf den Markt und an den Weihnachtsbaum. „Neuerdings hat man auch Holzäpfel, d.h. aus Holz gedrechselte und dann rubinroth polierte Äpfel in den Handel gebracht, welche insofern einen Vorzug vor den natürlichen haben, daß sie von einem Jahr zum anderen aufgehoben werden können und also fortdauernd brauchbar sind“, wird in einem Bericht aus dem Jahre 1878 vermeldet.

1884 wird zum ersten Mal gläserner Christbaumschmuck aus dem Thüringer Wald erwähnt, und 1885 heißt es, daß „Glasfrüchte (also auch Äpfel) und Glaswaren zur Ausschmückung des Christbaums sich nach wie vor einer gefälligen Aufnahme erfreuen“. Mit dem gläsernen Baumschmuck kamen dann andere Formen und Symbole auf den Markt und drängten die Äpfel mehr und mehr an den Rand eines schier unüberschaubaren Spektrums weihnachtlichen Zierrats.

Zweige und Reiser von Obstbäumen und vor allem des Apfelbaumes spielten im Volksleben schon eh und je eine hervorragende Rolle.
Am 4. Dezember, dem Tag der heiligen Barbara, ist es eine verbreitete Sitte, die sogenannten Barbarazweige zu schneiden, ins Haus zu holen und in Wasser zu stellen, damit sie an Weihnachten blühen. Es sind zwar meist Kirschzweige, doch auch Zweige von Apfelbäumen sind sehr beliebt. Wenn die Zweige also zu Weihnachten blühen, wird dies als glückbringendes Omen gewertet. „Barbarabäume" nennt man diese zu Weihnachten blühenden Zweige in den Alpen, und in Niederösterreich wurde jedes Zweiglein mit Namenszetteln der einzelnen Familienmitglieder versehen. Ein üppig blühender Zweig verhieß bei jungen Mädchen baldige Heirat. Bestimmte Regeln mußten schon beim Schneiden der Zweige beachtet werden. So durfte man bei dieser Tätigkeit ehemals in Böhmen nur mit einem Hemd bekleidet sein und das Gesicht mußte vom Baum abgewendet werden. Anderswo durfte das Schneiden nur während des Vesperläutens stattfinden. Wen wundert es, daß solche Bräuche in Verruf geraten sind? So warnte 1611 Herzog Maximilian von Bayern vor derlei Aberglauben in einem Landgebot. Dennoch hat der Brauch auch heute noch nichts von seiner Beliebtheit eingebüßt. Ganz im Gegenteil: Nach dem Zweiten Weltkrieg brachten die Heimatvertriebenen aus Böhmen den Brauch in ihre neue Heimat mit, wo er weitere Verbreitung fand.

Im Fränkischen dürften Zweige von Obstbäumen gar Vorläufer des Weihnachtsbaumes gewesen

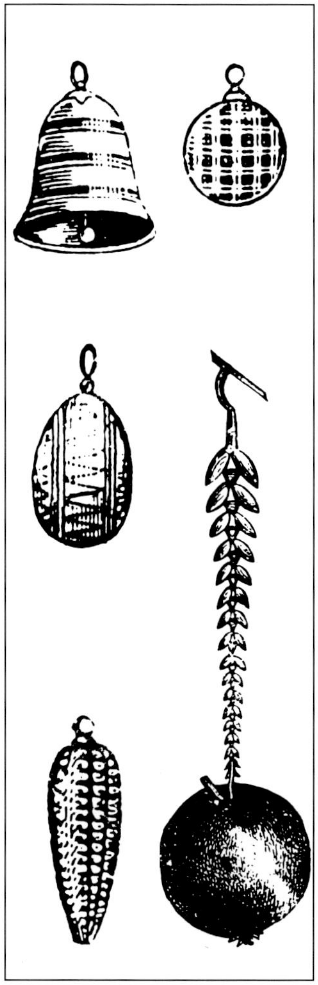

sein. Im „Simplizianischen Wundergeschichts-Calender auf das Jahr 1795", der in Nürnberg erschien, wird davon ein recht anschauliches Bild gegeben: „Zuerst will ich Euch einen Christkindelsbaum beschreiben, dergleichen Ihr in Eurem Leben nicht gesehen habt, und die Pracht davon Euch kaum werdet vorstellen können. Ihr müßt nemlich im voraus wissen, daß wir hier in unserer Gegend die löbliche Gewohnheit haben, alle Jahre, kurz vor Weyhnachten, etliche Sorten von Bäumen, als Kirsch-Apfel-Hollunder und andere Bäume in die Stuben in einen Hafen (Topf) oder Stütze mit Wasser zu stellen, welche gewöhnlich zur Zeit des Christtages blühen, was allerdings sehr schöne siehet, das ist nicht zu leugnen".

Im Odenwald war um 1870 ein Weihnachtsbaum üblich, der aus einem Apfelbaumzweig gestaltet war. Man hatte den Zweig mit Stroh umwickelt und mit Strohquasten behängt. Sonst befanden sich kein Schmuck und auch keine Kerzen an diesem Weihnachtsbaum.
Lediglich an seinem Fuß standen zwei schlichte Gestalten aus Stroh, die Adam und Eva symbolisieren sollten.

Ein Apfelbaum als Tannenbaumersatz begegnet uns schließlich 1871 in Grönland. In der „Gartenlaube" wird von einer herrnhutischen Weihnachtsfeier berichtet: „Bei den Missionaren in Lichtenau pflegt man ein Apfelbäumchen und schmückt es zu Weihnachten".
Liebenswürdig-volkskundlicher Apfelschmuck in der (Vor-) Weihnachtszeit stellt der schlesische „Putzapfel" dar, der auf drei kurzen Holzstäbchen steht und mit ein paar Buchsbaum- oder

Tannenzweigen besteckt ist. Auf der Oberseite ist eine Kerze eingesteckt.

Eine Abwandlung stellt das bayerische „Paradeis“ dar, welches in Norddeutschland im „Klausenbaum“ seine Entsprechung findet. Das ursprüngliche Paradeis wird aus vier Äpfeln und sechs Stäben zusammengefügt. Drei Äpfel werden zu einem Dreieck mit insgesamt drei Stäben zusammengesteckt. Die drei restlichen Stäbe werden von oben in die Äpfel des Dreiecks eingelassen und gehen nach oben zeltförmig zusammen, wo der vierte Apfel den krönenden Abschluß bildet.

In die Äpfel werden wiederum Kerzen gesteckt. Die Stäbe werden zudem mit Tannengrün umwunden.

Der Klausenbaum hat die gleiche Grundform, nur wird er mittels sieben Äpfeln „zweistöckig“ gestaltet. Hier bleiben die Stäbe jedoch sichtbar und können mit Glanzpapier umwunden werden.

In den Äpfeln stecken kleine Arrangements aus Buchsbaum- oder Tannenzweigen mit vergoldeten Nüssen. In das Gestell wird noch eine Nikolausfigur aus Backwerk gestellt.

Allerliebst nimmt sich auch die „Apfelkrippe“ aus, die aus einem Münchner Familienbrauch entstanden ist.

Hier wird der Symbolgehalt des Apfels in Verbindung mit dem Heilsgeschehen am sinnfälligsten. Man nimmt einen prächtigen Apfel (Roter Bellefleur, Schöner von Boskoop oder Freiherr von Berlepsch), reibt ihn mit einem Wolltuch glänzend und entfernt den Stiel. Dann legt man den halbkugelförmigen Apfel mit der Oberseite zuunterst auf die Tischplatte. Auf die Unterseite, die jetzt obenauf liegt, wird aus wenig Moos ein Lager für das aus Wachs gefertigte Jesulein gestaltet.

Dann wird eine kleine „Baumgruppe“ aus Zweiglein von Lebensbaum und Wacholder dahintergesteckt.

Das Wachs-Jesulein wird mit einer Stecknadel, die man auf dem Rücken der Figur einläßt, in das Moos gesteckt. Die Nadel dringt in den Apfel ein und hält auch noch das Moos fest, so daß das gesamte Arrangement stabil wird. So ruht nun das Jesulein auf dem Apfel, der die Weltkugel symbolisiert, geschützt unter den Zweigen auf weichem Moos.

Eine reizvolle, kleine Gabe zu Weihnachten, die Freude beim Empfänger hervorrufen wird.

Ein Loblied dem Apfel

Der Apfel fordert auf mancherlei Art die menschlichen Sinne heraus. Immer wieder hat er auch Literaten, Textdichter und Komponisten inspiriert. Dazu sind Kinderlieder, Reimverse und heitere Histörchen überliefert. Sie werden heute teilweise noch immer in Kindergärten oder Schulen auswendig gelernt oder nachgesungen. Zur eigenen Apfelinspiration hier eine Auswahl:

Einkehr

Bei einem Wirte wundermild,
da war ich jüngst zu Gaste;
ein goldner Apfel war sein Schild
an einem langen Aste.

Es war der gute Apfelbaum,
bei dem ich eingekehret;
mit süßer Kost und frischem Schaum
hat er mich wohl genähret.

Es kamen in sein grünes Haus
viel leicht beschwingte Gäste;
sie sprangen frei und hielten Schmaus
und sangen auf das beste.

Ich fand ein Bett zu süßer Ruh'
auf weichen, grünen Matten;
der Wirt, der deckte selbst mich zu
mit seinem kühlen Schatten.

Nun fragt' ich nach der Schuldigkeit,
da schüttelt er den Wipfel.
gesegnet sei er allezeit
von der Wurzel bis zum Gipfel!

Luwig Uhland

Wenn ich wüßte,
daß morgen die Welt untergeht,
würde ich heute noch
ein Apfelbäumchen pflanzen.
(Martin Luther zugeschrieben)

Goldene Äpfel auf silbernen Schalen.
(Sprüche Salomon, 25, 11)

Der Apfel fällt nicht weit vom Stamm.

Ein fauler Apfel macht zehn.

Ein Apfel, der runzelt, fault bald.

Ei, beim Blitz!
Das ist ein süßer Apfelschnitz!

Der Apfel schmeckt süß,
um den man die Wache betrügt.

Es sind süße Äpfel,
welche der Hüter übersieht.

Wer in einen sauren Apfel gebissen hat,
dem schmeckt der süße umso besser.

Schöne Äpfel sind wohl auch sauer.

Der Apfel ist rot,
doch sitzt ein Wurm drin.

Der Baum trägt sich selbst keine Äpfel.

Wer sonst nichts hat,
der gibt Äpfel und Birn.

Man muß sich nicht Äpfel
für Zitronen verkaufen lassen.

In den sauren Apfel beißen.

Eines musst Du Dir gut merken,
wenn Du schwach bist, Äpfel stärken.
Äpfel sind die beste Speise,
für zuhause, für die Reise,
für die Alten, für die Kinder,
für den Sommer, für den Winter,
für den Morgen, für den Abend,
Apfelessen ist stets labend.
Äpfel glätten Deine Stirn,
bringen Phosphor ins Gehirn,
Äpfel geben Kraft und Mut
und erneuern Dir das Blut.
Darum mein Freund so lass Dir raten,
esse frisch, gekocht, gebraten,
täglich ihrer fünf bis zehn,
wirst nicht dick, doch jung und schön
und kriegst Nerven wie ein Strick,
Mensch, im Apfel liegt Dein Glück.

Apfellied

In einem kleinen Apfel,
da sieht es niedlich aus;
es sind darin fünf Stübchen,
grad wie in einem Haus.

In jedem Stübchen wohnen
zwei Kernchen, braun und klein;
die liegen drin und träumen
vom lieben Sonnenschein.

Sie träumen auch noch weiter
gar einen schönen Traum,
wie sie einst werden hängen
am lieben Weihnachtsbaum.

Der schlafende Apfel

Hoch in unserm Apfelbaum
hängt ein Apfel tief im Traum,
schläft am Aste tief und fest
ganz dicht bei dem Vogelnest.

Kommt mein Kindchen angelaufen,
Apfel, warum schläfst du bloß?
Spring herab in meinen Schoß.
Doch der Apfel, der träumt weiter.

Warte, Apfel, 1-2-3
ruf ich gleich den Wind herbei.
Wind, so blas die Backen auf,
mit Getöse und Geschnauf.
Rüttel an den Zweigen,
Apfel, wart, ich will dir 's zeigen.

Noch ein starker Stoß,
so – jetzt springst du los!
Und ich beiß' hinein,
Apfel, du schmeckst fein!

Schmeckt immer

Isses warm, so daß mer schwitzt,
trinkt mern Äbbelwoi gespritzt.
Isses kühl in aaner Tour,
schläucht mer's Stöffche lieber pur.
Un im Winter, wie mer waaß,
trinkt mern Äbbelwoi gern haaß.
Ob die Sonn lacht, ob es schneit,
Äbbelwoi schmeckt jederzeit,
schmeckt aam übber's ganze Jahr.
Saacht, is des net wunderbar?

Karl-Ludwig Bickerle

Bärrn un Ebbel

Bärrn un Ebbel dhut mer esse,
odder aach mer macht se eu.
Manche widder sinn versesse
uff en gude Eppelwoi.
Un poor Bärrn un viele Ebbel,
schee gekeltert, wie mer seggt,
gibt e Brieh, die aam, verdeppel,
dann als Sieße so gut schmeckt.

Kinner, lasst eich net verdrieße,
schafft eich Bärrn und Ebbel oo,
dhut-se keltern un macht Sieße,
ihr werd richdig jung devo.

Dhut de Bauch voll Sieße baafe,
macht e Herbstkur, liewe Leit,
un ihr kennt dann widder laafe,
wie in frieh'ster Jugendzeit.

Hans Herter,
Mickedormel, Sache zum Lache,
Darmstadt, 1949

DER APFELBAUM

Der Apfelbaum, das ist ein Mann!
Kein andrer gibt so gern wie der.
Im Winter, wenn man schüttelt dran,
da gibt er Schnee die Fülle her.
Im Frühling wirft er Blüten nieder,
im Sommer herbergt er die Finken;
jetzt streckt er seine Zweige nieder,
die voller Frucht zur Erde sinken.
Drum kommt und schüttelt, was ihr könnt,
ich weiß genau, daß er's euch gönnt.

Robert Reinick

Der Apfelbaum

„O Kindchen! nimm mir ab die Last.
Ich kann sie kaum mehr tragen;
wie tut mir doch so weh der Ast!
Ich kann dir's gar nicht sagen.

Er biegt und beugt sich tief hinab,
Bis nieder auf die Erde;
d'rum, Kind, nimm doch die Äpfel ab.
Damit mir leichter werde!"

Die Kinder kommen schnell daher
mit Körbchen und mit Stangen,
und bald ist auch das Bäumchen leer,
das kaum so voll gehangen.

Die Kinderchen sind froh dabei
und lassen's brav sich schmecken,
und Bäumchen kann nun wieder frei
die müden Äste strecken.

Von unten bis zum höchsten Raum
ist ihm so wohl zumute.
Die Kinder sagen: „Lieber Baum!
Hab' Dank für alles Gute!

Es sollen auch von Herzen nun
dich preisen uns're Lieder;
den Winter über darfst du ruhn,
doch über's Jahr trag' wieder!"

Apfelkantate

Der Apfel ist nicht gleich am Baum,
der war erst lauter Blüte.
Da war erst lauter Blütenschaum,
da war erst lauter Frühlingstraum
und lauter Lieb und Güte.

Dann waren Blätter, grün und grün,
und grün an grün nur Blätter.
Die Amsel nach des Tages Mühn,
sie sang ihr Abendlied gar kühn
und auch bei Regenwetter.

Der Herbst, der macht die Blätter steif,
der Sommer muß sich packen.
Hei, daß ich auf dem Finger pfeif:
da sind die ersten Äpfel reif
und haben rote Backen.

Und haben Backen, gelb und rot,
und hängen da und nicken
und sind das lichte Himmelsbrot.
Wir haben unsre liebe Not,
daß wir sie alle pflücken.

Und was bei Sonn und Himmel war,
erquickt nun Mund und Magen
und macht die Augen hell und klar.
So rundet sich das Apfeljahr,
und nichts ist mehr zu sagen.

Hermann Claudius

Die Geschichte vom törichten grünen Apfel

Der Apfelbaum trug in diesem Jahr besonders viele Früchte. Dicht an dicht hingen die kleinen grünen Äpfel in den Zweigen. Sie streckten sich der Sonne entgegen und riefen:

> Liebe Sonne, scheine, scheine,
> schick uns deine warmen Strahlen,
> daß wir süß und saftig werden,
> du kannst rote Backen malen.

Und die Sonne leuchtete Tag für Tag warm vom Himmel herab. Sie schenkte den Johannisbeerbüschen süße Beeren, die Kirschen unter dem Blätterdach wurden dick und rot, und der Sommerklee bekam immer mehr saftige Blätter. – Die Ackerwinde unter dem Apfelbaum reckte und streckte sich ordentlich, um jeden Sonnenstrahl zu erhaschen. Die Heuschrecken kletterten auf den höchsten Grashalm und surrten ihr schönstes Sommerlied vor. Die Bienen krochen in die Glockenblumen und naschten vom süßen Nektar. Sie riefen der Sonne zu:

> Liebe Sonne, scheine, scheine,
> daß sich alle Blüten recken,
> denn du weißt, wie gut der Klee
> und die Lindenblüten schmecken.

Alle Tiere, Pflanzen und Bäume freuten sich über das Sonnenlicht. Nur in der obersten Spitze des Apfelbaumes hing griesgrämig ein schrumpeliger, grüner Apfel. „Schön dumm!“ brummte er, „wie sich alle Früchte nach der Sonne strecken. Je eher die Äpfel reif sind, desto früher werden die abgepflückt und aufgegessen. – Und die dummen Erdbeeren da unten im Garten! Ich kann direkt sehen, wie sie sich drehen und wenden, um ordentlich rot zu werden. Da kommt ja schon die eklige schwarze Schnecke gekrochen. Die wartet nur auf so einen leckeren Nachtisch. Und was sie übrigläßt, naschen die Kinder. – Nein, verstecken muß man sich im dichten Laub! Dann wird man nicht abge-

pflückt. Und erst die Sonne! Die ist schön dumm! Sie verschenkt alle ihre goldenen Strahlen, und am Ende wird sie keine mehr übrig behalten und ganz kalt sein!

Dumme Sonne, scheine, scheine,
ich will mich nicht nach dir recken!
Keiner soll im Laub mich finden,
ich werd' mich ganz klug verstecken.

lacht der grüne, schrumpelige Apfel.
Allmählich wurde es Herbst. Die Sonne malte die Blätter am Apfelbaum mit schönen braunen und roten Farben an. Sie machte die Äpfel rund und süß. Rotbäckig kullerten sie in den großen Apfelkorb, und die Kinder riefen: „Die werden uns schmecken! Und am Sonntag backt Mutter einen großen Apfelkuchen!"
Nur der grüne Apfel oben im Baum war übriggeblieben. Als die Novemberstürme über das Land brausten, hackte eine Krähe in den wurmstichigen, schrumpeligen Apfel. „Pfui, Teufel!" krächzte sie, „so etwas Saures hab' ich ja noch nie gegessen!"

Novemberwind, Novemberwind,
blas die Backen auf geschwind!
Reiß den sauren Apfel ab
und wirf ihn vom Baum herab.

schnarrte die Krähe. Da kullerte der schrumpelige Apfel herunter. Nicht mal der Igel wollte den sauren Gesellen haben. Da lag er nun, und die letzten Strahlen der Novembersonne konnten ihn auch nicht mehr erwärmen.
Die Sonne rief mitleidig:

Schlaf nur, armer saurer Apfel,
ach, du tust mir richtig leid.
Vielleicht treiben deine Kerne
neu empor zur Frühlingszeit.

Apfelbaum-Tanzlied

Alle unsre Zweige
tanzen hin und her,
schwingen leicht im Winde,
mehr und immer mehr.

Alle unsre Zweige
rüttelt jetzt der Wind.
Zerrt und zaust und schüttelt
unser Apfelkind.

Und der kleine Apfel
oben in der Höh,
plumpst ins Gras hinunter,
das tut weh, so weh.

Oh – so spitze Stacheln,
sagt mir, was ist das?
Seht, ein kleiner Igel,
der saß da im Gras.

Seht, der Igel trippelt
trappelt so geschwind,
läuft unter die Hecke,
wo seine Kinder sind.

Alle kleinen Igel
sitzen ganz versteckt,
schmitzen, schmatzen, hört doch,
wie der Apfel schmeckt.

Und der kahle Apfelbaum
steht im Winterwind.
Doch lauscht, wie in den Zweigen
ein Neues leis beginnt.

Viele kleine Knospen
wachsen wie im Traum.
Im nächsten Jahr blüht wieder
unser Apfelbaum.

Gibst Du mir von deinem Apfel ab

Lied vom Teilen

T: Rolf Krenzer
M: Peter Janssens

Wir danken für die Ernte

T: Rolf Krenzer
M: Siegfried Fietz

2. Trauben bringen wir zu dir,
und wir danken dir dafür.
Danken für deine Gaben,
daß wir zu trinken haben.

3. Äpfel bringen wir zu dir,
und wir danken dir dafür.
Danken für deine Gaben,
daß wir zu essen haben.

4. Alles bringen wir zu dir,
und wir danken dir dafür.
Danken für deine Gaben,
daß wir zu leben haben.

Wer alles „mitgeköchelt“ hat:

ROTHE WARTHE

Restaurant Rothe Warthe
Familie Friese
Henri-Dunant-Str. 15
63165 Mühlheim am Main
Tel.: 06108 / 72780
Fax: 06108 / 77205

Der hessischen Gastronomie hat sich die Familie Friese verschrieben. In liebevoll, mit alten Gerätschaften ausgestatteten Räumen verwöhnen sie ihre Gäste nicht nur mit trefflich gekochten alten Rezepten, sondern liefern gleich die kundige Erklärung dazu. Die ganze Familie ist mit Leib und Seele dabei, und besonders freuen sich dabei die Eltern Friese und ihre junge Garde, wenn sie einen hessischen Abend veranstalten sollen – mit Essen, Mundart-Gebabbel und Musik!

Gasthaus
Solmser Hof
... die Landküche

Arno Roth
Gasthaus Solmser Hof
Am Marktplatz 1
35619 Braunfels
Tel.: 06442/4235
Fax: 06442/6953

Schon sein Urgroßvater und Großvater waren begeisterte Köche. Arno Roth hat sich in seiner Küchenkunst vor allem den traditionellen Tugenden verschrieben: Seine Gäste schätzen, daß es im Solmser Hof duftet und schmeckt wie in der „guten alten Zeit“. Das heimelige Fachwerkhaus aus dem 17. Jahrhundert steht direkt unter dem Braunfelser Schloß. Um die bodenständige Küche zu genießen, kommen viele von weit her. Arno Roth legt Wert auf das kulinarische Erbe seiner Heimat und greift auch gern zu überlieferten Rezepten aus der eigenen Familie.

Schwanen

„Restaurant Treusch“
und „Johannsstube“ im Schwanen
Rathausplatz 2
64385 Reichelsheim
Tel.: 06164 / 2226
Fax: 06164 / 809

Armin Treusch und seine Frau Elke bauten den elterlichen Betrieb 1985 mit einem neuen Konzept aus: Besonderer Schwerpunkt des „Restaurants Treusch“, das von vielen Restaurantführern Auszeichnungen bekam, ist die feine moderne regionale Küche. Dabei finden sich auch Einflüsse aus Italien und Frankreich.

Während das Restaurant hochklassige Gerichte bietet, lädt die „Johannsstube“ als ländliche Wirtschaft zum abendlichen Schwatz, zu deftigen Kartoffelgerichten und kräftigen kleinen Gerichten ein. Auch die Weinkarte ist stark regional orientiert. Unter 270 Weinen sind sehr viele Bergsträßer.

Café Siefert
Conditorei Confiserie
...die gemütliche Adresse in Michelstadt

Bernd Siefert
Café Siefert
Braunstr. 17
64720 Michelstadt
Tel.: 06061/3068
Fax: 06061/12118

Nach einem Spaziergang durch die Altstadt von Michelstadt mit ihren gepflegten Fachwerkhäusern sollte man unbedingt eine der süßen Verführungen im Café Siefert genießen! Schon seit über 200 Jahren verschreiben sich die Mitglieder der Familie Siefert der Gastronomie. Bernd Siefert ist weit über Deutschland bekannt für seine „Zucker- und Schokoladen-Kunstwerke“.
Er reist als Teamchef mit der deutschen Nationalmannschaft der Konditoren, wurde als creativster Konditor der Welt ausgezeichnet und holte inzwischen über 20 Goldmedaillen in in- und ausländischen Wettbewerben nach Hause.

PARKHOTEL
am Kurhaus
BAD NAUHEIM

Parkhotel am Kurhaus
Nördlicher Park 16
61231 Bad Nauheim
Tel.: 06032 / 3030
Fax: 06032 / 30 34 19

Für stille Genießer ist das Parkhotel in Bad Nauheim eine Oase! Schwimmbad, Sauna, Solarium, Fitnesscenter, Golf, Tennis, Reiten, Rad- und Wanderwege – und dazu vor allem eine feine Küche! ***Sven Hofmann***, der Apfelrezepte mit dem Koch ***Volker Berger*** und dem Barmann ***Robert Parker*** zubereitete, ist zwar der kräftigen hessischen Küche nicht abgeneigt, doch schlägt sein Herz als Sous-Chef de Cuisine vor allem für die feineren Versionen der Apfelküche!

RESTAURANT
Landsteiner Mühle
im Weiltal an der Hochtaunusstraße

Restaurant
„Landsteiner Mühle“
Familie Stöckl
61276 Weilrod-Altweilnau
Tel.: 06083 / 346
Fax: 06083 / 28415

Gertrud und Hans Stöckl lieben ihren Taunus und seine Traditionen! Auch die drei Söhne sind mit Herz und Hand in gastronomischen Berufen tätig. In der idyllisch im Weiltal gelegenen Landsteiner Mühle sind regionale Spezialitäten der „Renner“. Fleisch und Gemüse kommen dabei aus Bioland-Höfen, Wild stammt aus den heimischen Jagdrevieren.

Gasthaus u. Hotel
Nassauer Hof
Heinrich Ramp
im Familienbesitz seit 1838

Gasthaus und Hotel
Nassauer Hof
Familie Ramp
Hauptstr. 104
65817 Eppstein
Tel.: 06198/1444 und 5902-0
Fax: 06198/33666 und 5902-22

Lebendfrische Forellen, Lachs und andere Meeresbewohner locken die Ausflügler auf dem Weg vom oder in den Taunus zur Einkehr in den Nassauer Hof. Viel Abwechslung und der Einsatz von hochwertigen Fischprodukten sind für den Küchenchef Heiner Ramp selbstverständlich. Großer Beliebtheit erfreuen sich auch die Seniorenteller, deren Anzahl und Vielfalt ihresgleichen suchen. Familiäre Atmosphäre und liebevoll eingerichtete Gasträume und Hotelzimmer kennzeichnen den seit Generationen im Familienbesitz befindlichen Betrieb.

1 - Jeannot Eggenstedt; 2 - Peter Klier;
3 - Frano Gavranic-Schollmayer;
4 - Heiner Ramp; 5 - Edmund Breivogel;
6 - Ralf Stöckle; 7 - Horst Weihrich

Nach Ratsherren Art
Ratsherren Stuben
Hattersheim

Restaurant Ratsherrenstuben
Familien Vogt und Weihrich
Karl-Eckel-Weg
(in der Stadthalle)
65795 Hattersheim
Tel.: 06190/3721
Fax: 06190/73552

In die Stadthalle integriert, präsentieren sich die Ratsherrenstuben als anspruchsvolles Restaurant im gediegenen und gemütlichen Ambiente. Die monatlich wechselnde Speisekarte orientiert sich an der Neuen Deutschen und auch der feinen regionalen Küche. Begleitet werden die Angebote der Saison von einem umfangreichen, mit viel Sachkenntnis zusammengestellten Weinangebot. Kreativität zeigt sich auch in den zum jeweiligen Thema passenden Tisch und Raumdekorationen.

Hof Gimbach

Hof Gimbach
Familie Schiela,
Küchenchef Jeannot Eggerstedt
Die Landgaststätte
am Fuße des Staufen
65779 Kelkheim/Taunus
Tel.: 06195 / 3241
Fax: 06915 / 72213

Die Chronik des Hofes zu Gimbach reicht zurück bis ins 16. Jahrhundert. Im weiten Umland ist die gemütliche Gaststätte, die von Heinrich und Margarete Schiela geführt wird, bekannt als lohnendes Ausflugsziel! Und gut gegessen und getrunken wird da allemal.

Restaurant Die Scheuer, Familie Stöckle

Burgstr. 12, 65719 Hofheim/Taunus, Tel.: 06192/27774, Fax: 1892

Mit viel Liebe und Enthusiasmus renovierte Familie Stöckle die 1636 erbaute Scheuer und gestaltete sie zu einem Kleinod in der Altstadt Hofheims. Im stilvoll rustikalen Ambiente genießt man einen gepflegten Mittagstisch mit der Familie, den Business-Lunch mit Geschäftsfreunden oder ein ausgiebiges Diner am Abend. Ein engagiertes Team bietet phantasievolle Kreationen der Neuen Deutschen Küche.

Restaurant Café
Zum Hirsch
Familie Breivogel
Konrad-Adenauer-Ufer 19
65439 Flörsheim/Main
Tel.: 06145/2873
Fax: 06145/1885

Gleich mehrere Trümpfe hat der „Hirsch" zu bieten: eine bodenständige Küche, eine schattige Terrasse mit altem Baumbestand und phantastischem Blick auf den Main und ein Tortenparadies für Leckermäulchen. Wildspezialitäten aus eigener Jagd und täglich frische Kuchen aus der Backstube – wer kann da widerstehen.

Restaurant und Hotel
Wallauer Hof
Familie Klier
Nassaustr. 8
65719 Hofheim-Wallau
Tel.: 06122/4021
Fax: 06122/15108

Seit über 25 Jahren dreht sich im Hause Klier alles um das Wohl des Gastes; ein Engagement, das durch die vielen zufriedenen Stammgäste belohnt wird. Auch wenn Sohn Peter zwischenzeitlich die Leitung der Küche übernommen hat, sollten Sie nach den von Lotti Klier komponierten Waldeckschnitzel fragen. Eine abwechslungsreiche, gutbürgerliche Küche erwartet den Gast, der auch in den geräumigen Gästezimmern ein Nachtlager finden kann.

Hotel am Schwimmbad
Familie Schollmayer
Staufenstr. 35
65795 Hattersheim
Tel.: 06190/9905-0
Fax: 06190/9905155

Das Hotel am Schwimmbad in Hattersheim ist ein kleines, feines, familiär geführtes 26-Betten-Hotel mit modernem Komfort. Zentral gelegen im Großraum Frankfurt-Mainz-Wiesbaden, fühlen sich dort Geschäfts- wie Privatreisende gleichermaßen wohl. Die Familie Schollmayer bietet ihren Gästen abends die Möglichkeit im Haus zu speisen und sich dabei vom Alltag zu entspannen. Durch die persönliche Betreuung fühlt man sich fast „wie zuhause".

RESTAURANT
Ratsstuben

Restaurant Ratsstuben
Joachim Sauter
Dörnigheimer Weg 21
63477 Maintal-Bischofsheim
Tel.: 06109 / 63684
Fax: 06109 / 68680

Die Kost aus „Omas Küche“ ist nur die *eine* Seite der Ratsstuben, die andere heißt „Phantasie“! Küchenchef Joachim Sauter richtet sich mit seinen Angeboten stets nach dem, was die Jahreszeit an frischen natürlichen Leckerbissen anbietet!

Hotel-Restaurant
Alte Klostermühle

Hotel Restaurant
Alte Klostermühle
Stefan Güttlich
35423 Lich – Kloster Arnsburg
Tel.: 06404 / 91900
Fax: 06404 / 4867

Seit 1972 bewirtschaftet Familie Gütlich die „Alte Klostermühle“. Sie hat das Hotel und Restaurant zu dem gemacht, was es heute ist: ein Treffpunkt für Gäste, die gemütliche Atmosphäre und gutes Essen schätzen. Heimischen Erzeugnissen wird in der Küche der Vorzug gegeben, somit gehören Klaus und Christine Gütlich zu den Gastronomen der ersten Stunde bei „Hessen à la carte“. Junior Stefan Gütlich, der seine Apfelrezepte diesem Buch beisteuerte, verwöhnt im elterlichen Betrieb, in den er nach einigen Lehrjahren gern zurückgekehrt ist, mit viel Kreativität und Phantasie die Gäste.

Hotel-Restaurant · Café
Schwanen
Speiserestaurant · Eig. Konditorei

Hotel Restaurant
Café Schwanen
Familie Otto Heinrich Sattler
64743 Beerfelden/Odenwald
Tel.: 06068 / 2227
Fax: 06068 / 2325

Die altehrwürdige Tradition des „Schwanen“ und die im alten Stil möblierten Gasträume mit vielen Erinnerungsstücken verleihen dem Haus eine ganz besondere Atmosphäre. In 6. Generation wird der „Schwanen“ von Otto Heinrich Sattler und seiner Frau Ilse geführt. Die beiden schätzen die heimische feine Küche und überraschen ihre Gäste und Stammgäste immer wieder mit ihren liebevoll ausgestalteten Spezialitätenwochen!

Christa Gombel
Hugenottenweg 3
35630 Ehringshausen-Greifenthal
Tel.: 06449 / 6644
Fax: 06449 / 6855

Seit ihrer Kindheit ist Christa Gombel Köchin aus Begeisterung. Die Vorfahren ihrer Familie waren Hugenotten, so befaßt sich Christa Gombel vor allem auch mit hugenottischen Traditionen und den Rezepten, die noch heute in hessischen Hugenottenfamilien erhalten sind. Sie schreibt Theaterstücke, Koch- und Backbücher.

Kelterei Heil Laubus-Eschbach/Ts.
Mein liebstes Rezept
mit Äpfeln
mit Apfelwein
mit Apfelsaft

Die Rezepte von **Ellen Heck, Kurt J. Werner, Ingried Pleyer, Iris Rippel, Heinz de Groot** und **Wolfgang Belz** stammen von dem Wettbewerb „Mein liebstes Rezept" und wurden von einer prominenten Jury als die besten der eingereichten Hessen-Rezepte ausgewählt und für die Fotoaufnahmen in diesem Buch von namhaften Profi-Köchen begeistert nachgekocht.

Landecker Landfrauen:
Elfriede Riebold
Landeckerstr. 11
36277 Schenklengsfeld
Tel.: 06629 / 348

Die Mitglieder des Landfrauenvereins „Landecker Amt" in Schenklengsfeld haben viele Rezepte rund um den Apfel gesammelt. Die aktiven Landfrauen setzen sich für kulturelles Leben in ihren Gemeinden ein und fördern durch ihr Engagement regionale Vorhaben. Sie haben Rezepte, Tips und vieles mehr in ihrem „Landecker Apfelbüchlein" zusammengefaßt.

Else Heil
Eschbacher Weg 9
35789 Weilmünster-Laubuseschbach

Sie ist die Seele der Familienkelterei Heil und im Dorf nennt jeder sie voller Respekt „Oma Heil". Ihre 83 Jahre merkt Else Heil wahrlich niemand an. Noch heute bekocht sie täglich die ganze Familie und oft sitzen Freunde und Gäste mit am Tisch. Gelernt hat sie das Kochen schon früh. Als junges Mädchen heiratete sie in die damalige Gastwirtschaft Heil in Laubuseschbach ein. Es kamen viele Leute aus dem Dorf, aber auch viele Kurgäste. So galt es, deftige Hausmannskost wie auch feine Gerichte parat zu haben. Zusammen mit **Renate Osburg** aus Laubuseschbach, die ebenfalls Gastwirtin war, probiert Else Heil immer wieder traditionelle und auch neue Gerichte aus. Daß dabei Apfelrezepte ohnehin im Vordergrund stehen, versteht sich von selbst.

Christof Heil
Kelterei Heil
Eschbacher Weg 9
35789 Weilmünster-Laubuseschbach

Christof Heil hat nach Abitur und verschiedenen Praktika in Weinkeltereien, Fruchtsaftbetrieben und Laboreinrichtungen sein Studium der Getränketechnologie an der Fachhochschule Geisenheim als Dipl.-Ing. Getränketechnologie 1988 abgeschlossen. Parallel dazu machte er die Ausbildung zum Industriemeister Fruchtsaft, 1987 Meisterprüfung. Anschließend Praktika in Wein- und Fruchtsaftkeltereien in Südafrika.

Er ist seit 1988 Mitglied im Bundesprüfungsausschuß für Gesellen- und Meisterprüfung für Fruchtsafttechnologie; seit 1987 Mitglied und seit 1992 Vorstandsmitglied im DLG-Prüfungsausschuß für Fruchtsäfte und Fruchtweine sowie Mitglied im Wissenschaftlich-Technischen-Ausschuß des Verbandes der Deutschen Fruchtweinindustrie

Jörg Stier
Kelterei Jörg Stier
Am Kreuzstein 25
63477 Maintal-Bischofsheim

Mit dem Keltern hatten die Stiers als Küfer- und Kellermeister schon früher zu tun gehabt. Aber erst Jörg Stier begann so richtig damit. Er ist geprüfter Industriemeister der Fachrichtung Fruchtsaft, Fruchtwein und Getränke (1984). Gespräche mit älteren Kunden weckten bei ihm ein besonderes Interesse an den alten Herstellungsmethoden der Apfelweinbereitung. Er begann die alte Literatur über das Keltern, auch der aus Spanien, Frankreich und England, zu studieren. Nach Reisen in's Baskenland und die Bretagne, wo das Apfelkeltern ursprünglich entwickelt wurde, begann Jörg Stier mit dem Apfelweinausbau nach den Vorbildern der europäischen Regionen.

Gerd J. Grein
Museum Veste Otzberg
64853 Otzberg

Gerd J. Grein ist mit Leib und Seele Hesse, Sammler und Museumsleiter. Der gelernte Sozialarbeiter kann auf eine langjährige berufliche Tätigkeit als Kulturamtsleiter in den Städten Langen und Groß-Umstadt zurückblicken.

Sammlung zur Volkskunde in Hessen
Museum Otzberg

Als Volkskundler ist er Autodidakt. 1974 richtete er im Alten Rathaus von Otzberg-Lengfeld zusammen mit Hubert Alles das private Volkskundemuseum „Sammlung zur Volkskunde in Hessen" ein. Seit 1994 befindet sich das Museum im Bandhaus in der Veste Otzberg im Landkreis Darmstadt-Dieburg. Zum Ausstellungsprogramm gehört die Darstellung des Volkslebens in Hessen mit einer umfangreichen Trachtensammlung aus allen hessischen Landesteilen. Ländliches Wohnen und Arbeiten wird in lebensechten Inszenierungen gezeigt. Sonderausstellungen, volkskundliche Demonstrationen, zu denen auch das jährlich stattfindende Kelter-

fest gehört, runden das Museumsprogramm ab.
Gerd J. Grein ist ein besonderer Kenner des Apfelweines und der Apfelweinkultur. Sein Wissen gibt er in Seminaren und Apfelweinproben im Museum weiter. Als Anerkennung für die besondere Art des Museums und seiner Trägerschaft als selbstfinanzierte Einrichtung hat er den Hessischen Kulturpreis und den Europapreis für Volkskunst der Stiftung FVS zu Hamburg erhalten.

Egert & Partner
Im Muri 14
CH-3800 Unterseen

Barbara Teusen und ***Bernd Egert*** halten alles, was mit Äpfeln zu tun hat, für ein Stück kulturelles Erbe – mit herrlicher Zukunft.
Um Unternehmer zu motivieren, ihre Marketingaktivitäten mit kulturellen Werten, sozialem Engagement und wirklicher Zuwendung zu den Menschen anzureichern, gründeten sie mit Schweizer Freunden das Büro Egert & Partner, das entsprechende Projekte initiiert und publiziert. Im Haupt- und Brotberuf sind sie Unternehmensberater in Frankfurt/Main.

Petra Kerstan
Fotografin
61440 Oberursel

Die Mehrzahl der Rezeptfotos und viele andere der Bilder in diesem Buch hat Petra Kerstan in Zusammenarbeit mit Michaele Scherenberg, den Landfrauen und den Köchen aufgenommen. Sie ist seit 1982 freie Fotografin, arbeitete lange für verschiedene Zeitungen und hat viele Reportagen gemacht. Ihre Lieblingsthemen Mode und Essen führten auch dazu, daß sie als Fotografin bereits an den „Hessen à la carte"-Bänden von Michaele Scherenberg und Karl-Heinz Stier mitwirkte.

Dr. Norbert Clement
Hohe Leuchte 20
35037 Marburg

Dr. Norbert Clement befaßt sich seit längerer Zeit mit der Erhaltung alter bedrohter Obstsorten. Sein besonderes Augenmerk gilt dabei den hessischen Obstsorten und der Erhaltung der Streuobstwiesen. Neben seiner Tätigkeit im Amt für Regionalentwicklung, Landschaftspflege und Landwirtschaft in Fulda ist er ehrenamtlich Vorsitzender des Pomologenvereins e.V. (Brünlasberg 52, 08280 Aue/Sachsen). Die Obstsortenkundler dieses Vereins bemühen sich allgemein um die alten Obstsorten.

Michaele Scherenberg und ***Karl-Heinz Stier*** werden gern als das „Hessenpaar" im 3. Hessischen Fernsehprogramm bezeichnet. Mit ihren Sendereihen „Hessen à la carte", „hessen 3 unterwegs", „Hessen feiern Feste" und „Hessen – wie es singt und klingt" erzielen sie mit die höchste Zuschauer-Resonanz aller Fernseh-Seriensendungen in „hessen 3".

Michaele, eine zugewanderte Schwäbin, die Hessen nicht mehr missen möchte und Karl-Heinz, ein südhessisches Urgestein, unterhalten und informieren die Zuschauer über hessisches Eigenleben, Traditionen und Besonderheiten. Seit 1983 arbeiten die beiden in ihren recht unterschiedlichen Temperamenten zusammen, immer mit den Zuschauern und nie von ihnen abgehoben.

Neben dem Buch „Zum Anbeißen" haben sie die beiden Kochbücher „Hessen à la carte", Band 1 und Band 2, ebenfalls im Eichborn Verlag, veröffentlicht.

Glossar / Küchenlexikon

ablöschen: Bratgut (Fleisch, Röstgemüse o.ä.), das stark angebraten wurde, mit Flüssigkeit (Wasser, Brühe, Wein o.ä.) begießen. Die direkte Hitze wird „gelöscht", der Bratensatz losgekocht

Apfelperlen: aus einem Stück Apfel gestochene Kugeln oder Perlen (je nach Größe des Ausstechers)

bardieren: mit Speck umwickeln

binden/abbinden: eine Flüssigkeit (Sauce, Suppe o.ä.) durch Bindemittel dickflüssiger machen (Mehl, Sahne, Butter, Gemüse)

blanchieren: abbrühen/abwällen in kochendem Wasser oder Fett. Eine Art „Kurzgaren", damit z.B. Gemüse die Farbe behält, Lebensmittel kurz in kochendes Wasser legen, herausnehmen und sofort in Eiswasser „abschrecken" (den Garvorgang stoppen)

Bröselbutter: flüssige Butter, gemischt mit Semmelbröseln

Brunoise: kleinwürfelig geschnittenes Gemüse

Cidre: leichter französischer Apfelwein

Cidre le Bol: Markenname

demi glace: braune Kraftsauce nach speziellem Rezept

Farce: Füllmasse aus Fleisch, Wild, etc. Zutaten werden klein geschnitten, zerstoßen und durch ein feines Sieb gestrichen

filieren: in Spalten schneiden, speziell Orangen: einzelne Orangenspalten werden ohne Haut aus der gesamten geschälten Orange herausgeschnitten

Flomen: rohes Bauchfett von Schwein, Gans o.ä.; grüner Speck

Grünkernschrot: Schrot vom unreifen Korn einer Weizenart (Dinkel)

Juliennes: in feine Streifen geschnittenes Gemüse (o.ä.)

Jus: Bratensatz von gebratenem Fleisch, der mit Grundbrühe (eigentl. spezielles Rezept) abgelöscht, verkocht, durchgeseiht und entfettet wird

Kraftsauce: stark eingekochter Braten-/Fleischsaft

Liebesäpfel: Tomaten

marinieren: würzen, beizen, mürbe machen durch Einlegen in spezielle Würzmischung

mehlieren: in Mehl wenden (aber: melieren: mischen, vermengen, unterziehen)

Meringue: Schaumgebäck aus geschlagenem Eiklar und Zukker, das mehr getrocknet als gebacken wird

nappieren: mit einer deckenden Sauce überziehen

Noilly Prat: sehr trockener, weisser französischer Wermutwein

parieren: zurechtschneiden (z.B. Sehnen und Haut von Fleisch abschneiden)

Parüren: Stücke, die beim Parieren abgeschnitten werden

passieren: durch ein feines Sieb seihen/drücken

plattieren: flachklopfen (z.B. Schnitzel)

reduzieren: Flüssigkeit stark einkochen

Risotto-Reis: Italienischer Rundkornreis; ersatzweise anderer Rundkornreis

Royale: = Royal; Eierstich

Sabayon: Weinschaum aus Eidotter, Zucker, Wein

Spoom: Sorbet, das mit einer größeren Menge sehr süßem Eischnee angereichert ist

tournieren: in Form schneiden, formen

Vinaigrette: Essig-Öl-Salatsauce

Zeste: dünn abgeschälte Schale von Orangen/Zitronen (dafür gibt es z.B. den Zesteur/Zestenreißer)

zur Rose aufschlagen bzw. abziehen: eine Crème unter Rühren bis kurz vor dem Siedepunkt erhitzen, so daß sie auf dem Kochlöffel eingedickt liegenbleibt oder sich beim Draufblasen (etwas unhygienisch) Kringel zeigen, die an die Form einer Rose erinnern

Rezept-Register

Vorspeisen, Salate, Suppen

- Apfelessig 108
- Apfel-Leberpastete 34
- Apfel-Matjes-Tatar auf Pumpernickel-Brot 35
- Apfel-Meerrettichsuppe mit geräucherter Forelle 38
- Apfelrohkost 110
- Blattsalate in Apfel-Kräuterdessing und frischem Meerettich 32
- Entenleberparfait mit karamelisierten Äpfeln, Linsensalat 33
- Forellen-Apfel-Salat 35
- Geräucherte Gänsebrust an Feldsalat in Cidre-Honig-Vinaigrette 33
- Gewürzte Apfelvorspeise 32
- Hessische Erdäpfelsuppe 38
- Hessischer Wurstsalat 31
- Katerfrühstück 36
- Klare Suppe von Liebesäpfeln mit Perlen von der Goldparmäne, Blattsilber 37
- „Meerrichsopp" Suppe von frischem Meerrettich mit gebratenem Apfelring 37
- Odenwälder Lammschinken mit Apfelsalat 30
- Parfait vom Räucherlachs 36
- Schinkenterrine mit Apfelsauce 31
- Tafelspitzsülze mit Böhnchen und Apfelstücken auf Kerbelschaum 30
- Tatar von Matjes im Gimbi-Apfel 34

Dips, Aufstriche usw.

- Apfelgelee mit Rosenblättern 40
- Apfelhonig 107
- Apfelkonfitüre mit Salbei 40
- Apfelmeerrettich 39
- Apfelschmalz 39
- Apfelsenf 39
- Äppelkonfitüre 107
- Äppelmarmelade 107
- Äppelmus 107
- Appelgelee 107
- Preiselbeeren mit Äpfeln 39

Hauptspeisen mit Fleisch, Geflügel und vegetarisch

- Altdeutscher Apfeleintopf 60
- Apfel-Frikadellen 45
- Apfel-Kartoffel-Lauch-Gratin 44
- Apfel-Keulchen in Rahmsauce mit Steinpilzen 54
- Apfelquiche 57
- Apfelreibekuchen mit Speck 56
- Apfelweinbratwurst mit Lauch-Apfelgemüse, Bratkartoffeln und Konfitüre von grünen Tomaten 46
- Bardiertes Perlhuhnbrüstchen, mit Apfel-Graupenmousse gefüllt, auf Sauerampfersauce mit Wirsing gemüse und Grießrauten 55
- Cordon-Bleu vom Schwein mit Apfelscheiben und Käse gefüllt, dazu Currysauce 48
- Dulkes 48
- Ebbelwoi-Hinkelsche mit Graupen-Pfifferlingsrisotto 45
- Entenbrust mit Apfelallerlei 54
- Entenbrust mit karamelisierten Äpfeln 56
- Flugentenbrust mit gefüllten Bratäpfeln 53
- Gefüllte Äpfel 51
- Geschebbte 50
- Hausgericht von Rinderrücken 57
- Himmel un' Erd-Kuchen 51
- Himmel und Erde mit gebratener Blutwurst 58
- Himmel und Erde, einmal anders serviert ... 46
- Himmel und Erde: Gebackene Blutwurst mit Röstzwiebeln, glacierten Apfelspalten, Kartoffelbrei 42
- Kalbsrücken mit Apfel und Klabsbries gefüllt, auf Apfelbrandsauce mit Kartoffel-Apfel-Rösti 58
- Kartoffelpfannkuchen mit Speckwirsing gefüllt, auf Einbrennsauce mit Apfel und Blutwurst 61
- Kartoffelrädchen 60
- Lammbratwurst mit Apfelrotkohl 50
- Lammkotelettes mit glacierten Apfelspalten und Rosmarin 43
- Ochsenfleisch in warmer Kräutersauce 43
- Odenwälder Schupfnudeln mit Apfelsauce und Apfelrotkraut 41
- Rehmedaillon mit frischen Steinpilzen Preiselbeerjus, glacierten Apfelspalten, Wirsingköpfchen und handgeschabten Spätzle 52
- Rehrücken mit Apfel-Lebkuchenkruste überbacken, Trompetenpilzsauce 49
- „Renftcher" Schweinelende in Apfel-Zwiebelkruste gebraten mit Dörrobstsauce 53
- Rinderfilet aus dem Wurzelsud auf Apfel-Schnittlauchsauce, karamelisierten Apfelspalten und Bouillonkartoffeln 47
- Rupsel 49
- Schweinefilet im Nest 44
- Schweinefilet in Calvados, Apfelsahnesauce und Risotto 59
- Speckäpfel im Rotkrautbett 59

Hauptspeisen mit Fisch

- Forelle nach Mönchsart 65
- Gebratene Forellenfilets auf Apfelrahmsauerkraut 63
- Heringsfilets nach Hausfrauen Art 64
- Lachs in Apfelwein gedünstet 62
- Lachs-Tranche auf Calvadossahne, mit Apfelragout gratiniert an Sauerkraut-Röstlingen 65
- Scheiben vom Zanderfilet mit Tomatenwürfeln und Wurzelgemüse in Apfelweinsülze 64
- Schmandhering aus em Dippe 66
- Seeteufel und Scampi in Apfel-Champagnersauce mit Minze 62
- Zander mit Apfel-Meerrettichkruste auf Sahnewirsing 67
- Zanderfilet auf Weißkraut mit Speierlingsauce 63
- Zanderfilet mit Apfelweinkraut im Blätterteig auf Apfelzimtschaum 66

Süßspeisen

- Äppelringe 105
- Apfel-Lebkuchenauflauf auf Vanilleschaum mit Holundergelee 83
- Apfel-Riesling-Süppchen mit Vanillegraupencrème 82
- Apfel-Zimtcrème 80
- Apfelauflauf mit Vanillesauce 84
- Apfel-Gelee-Lutscher 111
- Apfelgratin 74
- Apfelgratin mit karamelisierten Walnüssen und Walnußeis 80
- Apfelkrapfen auf Preiselbeersabayon 89
- Apfelleibchen 82
- Apfellutscher 111
- Apfelpastete 87
- Apfelpfannkuchen 88
- Apfelsorbet mit Pfefferminze 75
- Apfelstrudel 76
- Apfelsuppe mit Milchreisklößchen 75
- Äpfel mit Zimtsahne 74
- Arnsburger Apfelschräubcher 85
- Arnsburger Weinäpfel 79
- Beerfelder Apfelpastete 76
- Bratapfel-Eisparfait auf Orangen-Ingwersauce mit Hagebuttenmark 81
- Crème vom Apfelwalzer auf marinierten Äpfeln, mit gerösteten Sonnenblumenkernen 69
- Crèmesuppe vom Herrenapfel 78
- Ebbel-Schräubcher 86
- Ebbelranzer 87
- Ebbelwoi-Kaltschale 83
- Eingelegte Äpfel 71
- Frankfurter Aprikosenschmoräpfel 81
- Gäale Schnirre 68
- Geeistes Apfelsüppchen mit Spoom vom Rosé-Apfelchampagner 77
- Gefüllter Bratapfel an Apfelweinsabayon 85
- Gemüse von Apfelschnitzen 84
- Genuscheltes 72
- Glacierte Apfelspalten mit Apfelweinschaum gratiniert und Vanilleeis 71
- Hessischer Apfeltraum 86
- Honig-Apfelauflauf „Schleckermäulchen“ 89
- Kartoffel-Apfel-Pudding 70
- Mousse von grünem Apfel 90
- Muttis Vollwert-Apfeldessert 88
- Odenwälder Apfelweinsüppchen 77
- Paradiesäpfel 69
- Quarkauflauf 73
- Rotweinäpfel 79
- Schmand-Apfel 72
- Tiramisu mit grünem Apfeleis 90
- Tiramisu vom Mostapfel 73
- Weckschnitten und Apfelweinsauce 70
- Wetterauer Apfelauflauf mit Vanillesauce 78

Kuchen, Torten

- Apfelblitz-Kuchen 98
- Apfelknoten (Äppelferz) 100
- Apfelkuchen Landsteiner Mühle 93
- Apfelkuchen mit Mandelblättchen 95
- Apfelkuchen mit Preiselbeeren 97
- Apfelkuchen mit Streuseln 94
- Apfelränzchen 95
- Apfeltarte 94
- Apfeltarte mit Pinienkernen 92
- Apfeltorte mit Baby-Äpfeln 91
- Apfeltorte mit ganzen Äpfeln 97
- Apfeltorte mit „Schwips“ 99
- Gedeckter Apfelkuchen 93
- Käse-Apfelkuchen auf dem Blech 99
- Schwan mit Apfelfüllung 96
- Zitronen-Apfelbrot 98
- Zwieback-Apfeltorte 92

Getränke

- Apfel-Tee 103
- Apfelpunsch 103
- Apfelschalen-Tee 28
- Apfelweincocktail 102
- Calvados Egg-Nog 101
- Carlotta 102
- Fruchtige Apfelbowle 101
- Heißer Apfelwein 103
- Hessenröte 103
- Treuschs Apfeltrunk 103

Roter Bellefleur.